山西省体育局科研课题（13yb109）

山西省非物质文化的开发与利用

——以傅山文化为例

朱清华 著

中国社会科学出版社

图书在版编目（CIP）数据

山西省非物质文化的开发与利用：以傅山文化为例/朱清华著．—北京：中国社会科学出版社，2017.8
ISBN 978 - 7 - 5203 - 0781 - 9

Ⅰ.①山… Ⅱ.①朱… Ⅲ.①非物质文化遗产—研究—山西 Ⅳ.①G127.25

中国版本图书馆 CIP 数据核字（2017）第 181655 号

出 版 人	赵剑英
选题策划	刘　艳
责任编辑	刘　艳
责任校对	陈　晨
责任印制	戴　宽

出　　版	中国社会科学出版社
社　　址	北京鼓楼西大街甲 158 号
邮　　编	100720
网　　址	http://www.csspw.cn
发 行 部	010 - 84083685
门 市 部	010 - 84029450
经　　销	新华书店及其他书店

印　　刷	北京明恒达印务有限公司
装　　订	廊坊市广阳区广增装订厂
版　　次	2017 年 8 月第 1 版
印　　次	2017 年 8 月第 1 次印刷

开　　本	710×1000　1/16
印　　张	14.75
插　　页	2
字　　数	205 千字
定　　价	69.00 元

十年风雨路　情系傅山园

谨以此文一并献给纪念傅山先生诞辰 410 周年

　　2017 年新年伊始，中共中央办公厅、国务院办公厅联合印发了《关于实施中华优秀传统文化传承发展工程的意见》。这是一个多年来未曾见过的非常重要的红头文件。这个文件一经在报刊和网络全文发布，迅即在全国引起强烈反响。有人说这个文件，像春雷滚滚，震醒了沉睡的国民。有的说恰似明亮的"尚方宝剑"，给成千上万的社会文化工作者廓清了游荡在心头的迷雾，鼓舞着大家砥砺前行。

　　因为这个文件首次清晰地表述："在 5000 多年文明发展中孕育的中华优秀传统文化，积淀着中华民族最深沉的精神追求，代表着中华民族独特的精神标识，是中华民族生生不息、发展壮大的丰厚滋养，是中国特色社会主义植根的文化沃土，是当代中国发展的突出优势，对延续和发展中华文明，促进人类文明进步，发挥着重要作用。"

　　这个文件还特别强调："实施中华优秀传统文化传承发展工程，是建设社会主义文化强国的重大战略任务，对于传承中华文脉，全面提升人民群众文化素养，维护国家文化安全，增强国家文化软实力，推进国家治理体系和治理能力现代化，具有重要意义。"

　　这个文件还昭告于世，中国共产党是中华优秀传统文化的忠实继承者、弘扬者和建设者。以习近平同志为核心的党中央高度重视优秀传统文化的传承和发展，并身体力行，开展了一系列富有创新，富有成效的工作。

因此文件明确要求："各级党委和政府要从坚定文化自信，坚持和发展中国特色社会主义，实现中华民族伟大复兴的高度，切实把中华优秀传统文化传承发展工作摆上重要日程，加强宏观指导，提高组织化程度，纳入经济社会发展规划，纳入考核评价体系，纳入各级党校、行政学院教学的重要内容。"

同时还要求："各级党委宣传部门要发挥综合协调作用，整合各类资源，调动各方力量，推动形成党委统一领导、党政群协同推进、有关部门各负其责、全社会共同参与的中华优秀传统文化传承发展工作新格局。"要求"各有关部门和群众团体组织，要按照责任分工，制订实施方案，完善工作机制，把各项任务落到实处"。

作为多年来致力于传承傅山文化，传承发展中华优秀传统文化的社会文化工作者，在名声天晓的农历鸡年春节，能够看到这样一份久盼甘霖的中央文件，自然感到欢欣鼓舞。于是在春节之后傅山学社组织的学习座谈会上，大家敞开思想，踊跃发言。有专家学者感慨地说，习近平同志深谋远虑，站在历史发展的高点上，把传承优秀传统文化与实现中华民族的伟大复兴融为一体，统筹加以布局，真可以称得上是中华文明发展史上又一次重大的"返本开新"。其间也有同志担心，中央的顶层设计虽好，却不知下面的懒政官员能否紧跟着擂鼓敲钟？大多数同志则认为，中华传统文化中有一个核心思想理念："天下者乃天下人之天下""文化者更是天下人之文化。""天下兴亡，匹夫有责。"作为文化人与其坐等体制内的官员层层传达安排，倒不如我们组织起来，依靠和发挥民间的力量先行先试。有鉴于此，学社的同志着重就今年纪念傅山先生诞辰410周年的相关活动进行了具体研究和筹划。

正在此时，傅山武学研究会的徐兴民先生为我引荐，并送来了一本由太原学院副教授朱清华老师编写的书稿。我仔细翻阅这本图文并茂的书稿，顿时感觉眼前一亮：巍然屹立在三晋大地的历史文化名人纪念园——中华傅山园，从 2007 年纪念傅山先生诞辰 400 周年开园迎客以来，历经十年风雨路，矢志不渝砥砺行。是什么样的缘由和动力，使得傅山文化这一中华优秀传统文化中的丰富宝藏，在社会变革的条件下进一步被人重视，并从多层次、多角度加以开发利用？朱老师以其年轻学者的敏锐视角，把傅山园筹建的原因，规划设计的理念，各种设施的建筑风格，以及每个构造物所蕴含的思想内容，分门别类地作了叙述。并对十多年来，由于傅山园的兴建而产生的经济社会效益，作了有理有据的研究分析。进而以更宽广的视角对新的历史条件下，如何保护和开发利用宝贵的文化遗产，提出了独到的见解和建设性意见。我边看边想，这本有案例分析、有理性思考的书稿，不正是我们在纪念傅山先生诞辰 410 年之际，要搞中华傅山园建园十周年回顾展所需要的一份礼品吗？放大一点说，不也正是当前贯彻落实党中央、国务院《关于实施中华优秀传统文化传承发展工程的意见》过程中，尚需研究解决的一个重要课题吗？于是，我当即表示，待认真阅读全书后，草拟一篇类似读后感的文稿，或许待该书出版时作为代序。说是作序，实不敢奢谈。充其量为本书的内容做点补充：

傅山文化在三晋大地乃至在神州大地的传播，并非自今日始，而是古已有之。正如朱老师在书稿中所言，傅山先生其人其事，其言其行，其品其德，早在 300 多年前的明清之际，就为朝野共知，在晋阳大地的民间百姓中更是妇孺皆知。明朝末年，青年傅山就以其才华出众被称"义士"，但他却"士而未仕"。明清朝代更替之后，他虽"入道隐居山林"，但却"隐而未隐"。一方面，他以"餐采之法"穷究学问，著书立说，发表了有独到见解的"反常之论"，留下了诸多闪光的诗文书画；另一方面他以"朱衣道人"的身份，遍访民间，采药行医，悬壶济世。同时，还教人习武，强身健体。拯救医活了无数的黎民百姓。故而世人称其为十七世纪"好学无常家"的"学海"，和"一通百通"式的"文化昆仑"并不过分。后世对他在祠庙中塑像敬仰也属常情。只是到了21世纪，官方和民间为什么又在他诞辰400周年之际，大张旗鼓地举行多种形式的纪念活动呢？究其原因，我看最主要的是得益于两条。

第一是得益于官方和民众"一拍即合"的共同心愿。我们的国家和民族经历了新中国成立以来60多年的艰苦探索和30多年改革开放的洗礼，站在新的历史起点上，究竟走什么样的道路，以什么样的自信，才能最终使中华民族再度复兴？执政的党和政府必须思考回答。生活在神州大地上的全体中华儿女同样要认真思索抉择。思索抉择的结果，理论、道路、制度的自信当然要坚持，但更广泛、更深厚、更基础的还在于文化自信。而这种植根于中华大地的文化自信，我们的历代先贤和有识之士从来就没有发生过动摇。以傅山先生为代表的那一代英贤更是如此，即使在发生了朝代更替、国土沦陷的情况下，他们对中华文脉的坚守也从未被外力所动摇。正是从这个意义上考量，我们的党和政府面对西方各种文化思潮大量冲击，不得不审时度势，重新把自己祖先创造的灿烂辉煌的五千年文化遗产挖掘出来，让其与时代相融合，在传承中创新性发展，以至成为屹立于世界民族之林的精神标识和重要支撑。至于谈到广大民众对优秀传统文化的认知和需要，那更是根深蒂固。就以傅山文化为例，在他有生的70多年，因为他的言语和行动从来就没有脱离过民间百姓。正如有些专家学者所言，富有特色的傅山文化早已成了太原百姓乃至山西百姓日常生产生活中的重要内容。因此即便官方不加倡导，或者受到"文字狱"的政策限制，老百姓也会活灵活现地加以传习应用。所以到了2007年，当地百姓听说官方要为傅山先生建造永久性的纪念园时，无不欣欣鼓舞，迅速就呈现出"一呼百应"的壮美景象。这一点朱老师在实地调研中多次得到印证。如果从这个角度来分析，恐怕就不是"市场经济学"理论所能解答的一个问题了。

第二是得益于承建中华傅山园的主体企业——金龙城建总公司及其法人代表张果元先生和他团队的无私奉献。朱老师在调查研究时发现，中华傅山园的筹建和运营大体分为两个层级，一层为市区镇政府有关成员组成的领导组，其主要职能是负责规划布局和配套设施等的组织协调；而具体承办和实施的这个层级，则主要靠张果元先生和他带领的金龙城建总公司。张果元先生虽是一位当过乡村干部的农民企业家，但他从小就对优秀传统文化，尤其是对傅山文化情有独钟。他所带领的金龙城建总公司，多年来承接了省城及周边不少地方的古建项目，甚为古建专家所称道，从中他也领悟了历史古建中的深刻文化内涵及工匠技艺。至于他对傅山先生的敬仰，更为一般人所不及。早在官方没有动议之前，他就设想筹建一处像样的纪念场所。恰巧遇到官方也要隆重举行傅山先生诞辰400周年纪念活动。因此他就主动请缨，舍弃公司承揽业务、经营获利的其他工程，而把全部的时间和精力投入到中华傅山园的建设之中。实事求是地说，在中华傅山园的建设和运营过程中，起初连他的家人和朋友也不理解，而他却矢志不渝，把自己的身家性命也投入到一生所钟爱的文化事业中。我这里之所以突出地说明这一点，同样是基于对"市场经济学"理论的分析和理解。如我们再回到明末清初的时代，年轻的傅山先生作为同辈的"优士"而未"仕"，也可能是因为没有做官的机会，那么晚年的傅山先生则遇到了开明的康熙，特开"博学鸿词科"，慕名请傅山先生等一批志士进京做官，这应该有了"做官当老爷"的机会了吧。可傅山先生又为什么拒官不做，舍弃安享晚年并荫及子孙的机会呢？按当代人的说法，这其中的价值量又当如何计算呢？由此推导，我们也可以深入探究一下，如今的张果元先生等，他们抛家舍业，一心扑在传承傅山文化，传承和发展中华优秀传统文化的事业上，究竟又是怎样来计算其中的成败得失呢？有关这方面的情况，朱老师也做了一些探索，这是非常难能可贵的。但我的意愿是，诚望各界有识之士，在实施中华优秀传统文化传承发展的过程中，切不可把发展文化事业和发展文化产业混为一谈。创新体制机制，助推文化产业发展是十分必要的。但政府和社会如不着眼长远，提供有效的保障，振兴中华民族文化的宏伟大业恐怕也是难以实现的。

　　以上不成熟的补充意见，仅仅因为我是启动建设中华傅山园的参与者和见证人之一。远远不足以说清全书所要研究的问题。敬请读者见仁见智，提出批评指导意见。

　　最后，衷心祝愿本书早日面世！

范世康

傅山学社社长写于 2017 年纪念傅山先生诞辰 410 周年之际

目　　录

前　　言

　　五千多年的中华文化积淀，为世界文化的多样性、深刻性提供了无可替代的重要内容，是中华民族延续、发展，并不断创新的内在动力。中共中央办公厅、国务院办公厅《关于实施中华优秀传统文化传承发展工程的意见》要求深入阐发中华文化精髓，保护传承中华文化遗产，并将中华文化精神贯穿教育始终，融入生产生活。所以，选择合适的角度，运用科学的方法，找到鲜活的范例，深入研究阐释中华文化的历史渊源、发展脉络、基本走向，并同当代现实紧密结合，使研究成果真正能够服务于国家建设和民族复兴，是本书一直追求的方向和目标。

　　在选择研究切入点时，经过大量的前期调研和资料整理，本书选择了以历史文化名人为主要研究对象和研究线索，努力从他们经历的历史背景，他们做出的典型事迹，以及从他们为推动文化发展而做出的突出贡献中，总结和提炼出整个民族文化独特的理念、智慧、气度和神韵。

　　山西作为传统文化大省，在每一个重要时期都不乏重要的历史人物，挖掘和保护这些重要人物、重要事件和重要精神，不仅对保护山西地方文化非常紧迫，而且对中华文化整体面貌描述也有非常重要的作用。这个宝藏中很多传奇事件和人物，大量被小说、戏剧和其他文学形式引用和改编，成为脍炙人口的经典，比如梁羽生笔下的傅青主就是以明末清初的傅山先生为原型的，这位小说中"三绺长须、面色红润、儒冠儒服的老人。不但医术精妙，天下无匹，而且长于武功，在无极剑法上有精深造诣。除此之外，他还是书画名家，是明末清初的一位奇士"，现实中的傅山先生就是一位学问精深，文武兼修，医道高超，书法奇绝的高人；他的生活也充满传奇，一点也不逊于小说中的人物形象，这位朱衣道人，反清斗士，可怒斥国贼，大义凛然，也俯身侍母，情意绵绵，可以称得上中华文化的优秀代表。

所以从 2013 年我走进了"中华傅山园"，参与"'傅山杯'全国传统武术邀请赛暨山西省第二十八届传统武术、散打擂台赛"的裁判工作，看到了傅山园建设和开发的前辈们对傅山先生思想、医学、书画、诗词及养生的研究成果，更加坚定了我从优秀代表人物阐发传统文化的研究决心，在此过程中我也找到了非物质文化遗产保护这个研究视角，并开始了艰苦的科研探索。同年，我申请研究课题《非物质文化视野下传统武术文化的开发与利用》，2014 年 4 月在《中华武术研究》期刊上发表了论文《非物质文化视角下的武术健身操》；10 月在《体育研究与教育》发表论文《非物质文化视野下传统文化的开发与利用——以傅山园为例》。

成书之时，感谢原太原市委、宣传部长、傅山学社社长范世康先生，中华武林百杰、中国武术九段、中华浑元武术创始人、傅山拳法传承人张希贵先生，中国武术八段、原中北大学体育与艺术学院院长、国家二级教授、山西省体育总会常委、山西省武术协会副主席、山西省形意拳协会主席、傅山学社常务副社长、傅山武学研究会会长刘定一先生，山西省武术协会副主席、山西省形意拳协会副主席兼秘书长、傅山武学研究会副会长刘金根先生，山西正和堂杜枭飞先生和传授我傅山拳法的山西省形意拳协会副秘书长、傅山武学研究会秘书长徐兴民先生等老师和朋友对我的帮助和支持。

　　在梁羽生先生的小说中，傅青主的佩剑名为"莫问"。莫问前程有愧，只求今生无悔，不忘初心砥砺前行，我愿以蜉蝣一生传承和弘扬傅山精神，与傅山相逢，何其有幸。

朱清华
2017 年 2 月 10 日

第一章　研究的缘起

当历史的尘埃落定，一切归于沉寂之时，唯有文化以物质的和非物质的形态留存下来。它不仅是一个民族自我认定的历史凭证，还是民族得以延续、复兴，并满怀自信走向未来的根基与力量之源。

2017 年 1 月 25 日，中共中央办公厅、国务院办公厅印发了《关于实施中华优秀传统文化传承发展工程的意见》。这是第一次以中央文件的形式专题阐述中华优秀传统文化传承发展工作，这是以习近平同志为核心的党中央高度重视弘扬中华优秀传统文化的体现，这是建设社会主义文化强国的重大战略任务。

然而，冷观当今社会现状，被发达国家尊为"人间国宝"的非物质文化遗产传承人，在我国普遍境遇不佳，赖以生存的文化生态空间因不断受挤压而碎片化、边缘化，工厂机器大规模的生产，替代原本手工小作坊加工的手艺，被无情地加以淘汰和毁灭，加上这些手工艺人大都进入银发时代，许多绝活、绝技因后继乏人将成"广陵绝唱"，乃至人死艺亦亡，绝活成绝唱。

非物质文化遗产的逐渐淘汰和毁灭，是许多地方文化工作者最不愿看到但又不得不随时准备面对的悲剧场景，在调研中听到最多，最沉重的是"一声声的叹息"。我们不断看到违和的场景——施工的车辆碾过千百年前的遗存或是曾经辉煌的遗址地界，瓦砾废墟下本该是茂盛蓬勃的文化遗产，而今却在机器轰鸣中被现实的利益占据。我们不得不怀疑，在这个时代，是否还有文化遗产的栖身之所；曾经的汉唐风韵，宋明风华，在这个时代，是否能寻觅到自己立锥之地；而在全球化的今天，经济的发展，是否要以文化遗产的消逝和陨落为代价。

其实，非物质文化遗产濒危背后是传统文化认同的危机，而危机的根源在于西方各种文化思潮的涌入和国人长期以来文化价值观的倾斜和误判。

明末清初的"西学东渐"后，19 世纪中叶西方坚船利炮强硬破开我国国门，源自西方的新潮强势袭入，古老中国陷入近代的屈辱历史，民族自信心不足。在"五四运动"以及"新文化运动"影响下，传统文化大都被全面否定，西方学说渐成为主流。而 20 世纪六七十年代，国内"砸烂孔家店""横扫一切牛鬼蛇神""破四旧"的风潮使得民族自尊心、自信心无限空乏，紧接而来的改革开放使得"西洋无限好"以洋为美、以洋为尊的媚外思想再一次撞击国人本已薄弱的文化认同感。

中国年轻人开始热衷于洋节，情人节、圣诞节、万圣节等，商家更乐意借用这样的节日来搞促销活动，年轻人追捧洋节被认为是一种时尚。在平安夜当天，随处可见，连幼儿园的小朋友都会在父母的陪伴下送老师一个比平时昂贵数倍的包装漂亮的苹果。而我们的传统节日，比如"晒衣节"甚至有很多年轻人都没听过。年轻人"情人节"过得热火朝天，但中国的"七夕"却受到冷落。

不仅是洋节，还有好莱坞大片，一些年轻人，只看好莱坞的电影，国内截至 2016 年，中国银幕总数已达 41179 块，占全球的21%—25%，成为世界上电影银幕最多的国家。正如制片人琳达·奥布斯特在她的《好莱坞不眠夜》中写的那样，中国现已成为世界上第二大电影市场，并且有望在 2020 年超过美国成为第一。如

《魔兽》，在中国票房高达 14.72 亿元人民币，占其海外票房的55%；《变形金刚四》在美国本土的票房 2.447 亿美元，但在中国票房却高达 3.06 亿美元。中国电影市场已成为好莱坞各大电影公司重点开拓的市场。

电影是一门艺术，是一门容纳摄影、文学、文字、绘画、建筑等多种艺术的综合艺术，好莱坞大片以一种观众容易接受的方式在不同国家和民族中将其独有的美国精神和传统的价值观念输入每个观众的心中，观众在接受其大片的同时，也全盘接受其人生观和价值观，成为传播美国文化价值观的有效手段。而这种价值观在某种程度上，已经成了世界性的价值观，得到世界的认同，正在影响到其他民族和国家的文化意识、语言，淡化甚至重写其他民族和国家的传统和文化，从而达到了长期控制各民族精神和文化的目的。其核心价值观是以个人为社会本位，以自我为中心，追求个人英雄主义和利己主义，注重人格的尊严，各人有各人的生活空间，互不干涉。与中国传统的家族集体主义背道而驰。

铺天盖地的肯德基、西餐厅等饮食文化，也被年轻人所青睐。无论任何考试、晋级、申报职称都必须要考的英语水平考试，无一不渗透西方文化的影子。甚至在"全民健身运动"中，英国《金融时报》把跑步称为"中国中产阶级的新信仰"。2015 年有 10万人申请参加全程或半程上海马拉松比赛，最终参赛的只有 2.3万人。中国传统养生主张"生命在于静止"，道家主练呼吸吐纳，静坐导引，太极拳就算剧烈运动了，而马拉松不啻为西方文明对中国人生活方式的改造史。"中国人对西方身体和生活观念经历了从被动应对到防御式攻击，再到主动吸收并内化为生活方式的过程。"①

美国政府早在20世纪30年代就意识到，对外竞争强有力的武器就是文化输出。这种文化渗透麻醉我国人民的精神，摧毁我国人们的民族自信心和自尊心，促使其形成新的民族文化记忆，与美国的信念和价值观融合。相当一部分国民包括官员对本民族文化丧失起码的敬畏和珍爱，甚至贬低、漠视优秀传统文化的现象，几度产生文化认同危机。

好在喧嚣与骚乱过后，站在21世纪的坐标上，我们的文化反省和价值重估比100年前乃至十几年前更向理性回归，国家的文化复兴愿景与民众的文化认同感日趋迫切，文化自信是文化自立、自强的基础，是应对外来文化冲击的重要核心力量，是实现中华民族文化大发展大繁荣的必经之路。

正如国学大师冯友兰所论，"并世列强，虽新而无古；希腊罗马，有古而无今""惟我国家，亘古亘今"。中华文明何以成为世界几大古文明中唯一没有中断的文明？正是在于它已"长"在人身上，依托非物质文化遗产载体生生不息。习近平总书记2014年10月15日"在文艺工作座谈会上讲话"中说："文化是民族生存和发展的重要力量。人类社会每一次跃进，人类文明每一次升华，无不伴随着文化的历史性进步。中华民族有着五千多年的文明史，近代以前中国一直是世界强国之一。在几千年的历史流变中，中华民族从来不是一帆风顺的，遇到了无数艰难困苦，但我们都挺过来、走过来了，其中一个重要的原因就是世世代代的中华儿女培育和发展了独具特色、博大精深的中华文化，为中华民族克服困难、生生不息提供了强大精神支撑。"联合国2003年《保护非物质文化遗产公约》就已预见，代代相传的非遗能使各个群体、团体"具有一种

---

① 李大白：《中产阶级为何兴起了马拉松热》，《记者观察》2016年第3期。

认同感和历史感"。

保护非物质文化遗产无疑是炎黄子孙文化寻根之旅，破坏非物质文化遗产则不啻于文化割脉行为。不夸张地说，非物质文化遗产是民族的 DNA 宝库，是民族精神的大动脉。"历史和现实都证明，中华民族有着强大的文化创造力。每到重大历史关头，文化都能感国运之变化、立时代之潮头、发时代之先声，为亿万人民、为伟大祖国鼓与呼。"① 非物质文化遗产蕴含了中华民族极具个性化的宇宙观（如天人合一，让世人逍遥游于"天地与我并生，而万物与我为一"的物我两忘之境）、道德观（修美德行善举，成就了魏晋汉唐多少君子风度，高士节操）、审美观（中和蕴藉，东方式意境和韵味仍不失为现代人浮躁心灵的脱俗剂）。

"当一个民族的文化存在，这个民族就存在着。"喀布尔博物馆大门上的题词值得全人类铭记。当然，我们并不是文化保守主义者，更非文化殖民主义者。我们亦期待人类文明在多元共生中平等对话，但拒绝被文化霸权同化。我们同样张开臂膀吐纳现代西方文化，但绝不是把民族本体文化先踩在脚下。

中华文化真是诗意的文化，中华民族也是有诗性情怀的民族。正如习主席所讲："中华文化既坚守本根又不断与时俱进，使中华民族保持了坚定的民族自信和强大的修复能力，培育了共同的情感和价值、共同的理想和精神。"以 2004 年加入联合国公约为新起跑线，中国正在准备打赢一场中华民族文化基因保卫战，这是为自治而诗意地栖居在精神家园而战，更是为捍卫国家文化安全、文化主权和维护人类文明多样性而战。

没有文化的繁荣兴盛，就没有中华民族伟大复兴。非物质文化

---

① 中共中央文献研究室编：《习近平总书记重要讲话文章选编》，2016 年第 1 版，第 184 页。

遗产是对外传播中华文化，了解中国的重要途径和方法，京剧、书法、诗词、国画、中医、武术等都内涵着中华民族最基本的文化基因。中华优秀传统文化是我们精神的命脉，也是我们在世界文化中站稳脚跟的坚实根基。

第二章　研究的价值

第一节　研究的意义

新华社北京 2017 年 1 月 25 日，中共中央办公厅、国务院办公厅印发了《关于实施中华优秀传统文化传承发展工程的意见》，在意见中提出："文化是民族的血脉，是人民的精神家园。……中国共产党在领导人民进行革命、建设、改革伟大实践中，自觉肩负起传承发展中华优秀传统文化的历史责任，是中华优秀传统文化的忠实继承者、弘扬者和建设者。"

"文化"一词最早出现在《周易·贲卦·彖辞传》，"刚柔交错，天文也；文明以止，人文也。观乎天文以察时变，观乎人文以化成天下"。天文指天道自然，人文指社会人伦，是文化；治国家者必须观察天道自然的运行规律，以明耕作渔之时序；又必须把握现实社会中的人伦秩序，以明君臣、父子等等级关系，使人们的行为合乎文明礼仪，并由此推及天下，以成"大化"。文化区别于自然，有人伦之意，区别于神理，有精神教化之义；文化的最大作用是"化人"有文治教化之义。

传统文化是中华民族的一项宝贵的文化遗产，传统文化如何发展成为当今政府和学术界共同需要讨论和解决的问题。仅仅是对非物质文化进行商业化运作，如"文化搭台，经济唱戏"的"繁荣"

并没有给传统文化带来希望，带来的却是文化遗产价值的偏离。在纯粹的经济学文化产业研究中，对于传统文化的研究只是简单的集中在开发上。实现传统文化的社会文化价值和经济价值共赢，保护传统文化和寻求经济利益之间寻求平衡的努力，也正是我们研究的主要内容。

如何高质量地保护传承，如何在新的历史时期与时俱进，挖掘出传统文化市场潜力使其健康发展，既是对非物质文化遗产保护的具体和深化，也是对继承发扬非物质文化遗产，弘扬中华民族精神的一种实践。我们决定自己尝试探寻答案，在烦琐的收集背景材料阶段找到了一个十分典型的案例，它很好地体现了现代人在保护文化遗产和寻求经济利益之间寻求平衡的努力，也的确有了较为成功的收效，这就是中华傅山园的建设项目。我们相信，它对山西，对于全国来说，有着十分广泛的借鉴意义和推广作用，希望对后来者研究者有一定的借鉴意义。

山西是中华民族的发祥地之一，迄今为止有文字记载的历史已达五千年之久。拥有悠久的历史，深厚的文化积淀，其孕育创造了数量众多而又异彩纷呈的文化遗产。从古至今，山西这一片热土，养育了无数山西名士和名声显赫的大家族。

先秦时期与孔孟相齐名的有荀子；两汉时期的"刘恒治代"及三国时期的武圣关公；"唐宋八大家"之一的柳宗元，诗有 140 余首，是我国历史上最杰出的散文家，思想家；一身正气的狄仁杰，唐朝著名政治家；一代传奇历史名人，历史上唯一一位女皇武则天；北宋司马光留下的《资治通鉴》；狄青人称"面涅将军"善骑射；明万历年间"四高僧"中的妙峰大师，他悉心于佛寺建筑和桥梁公路建筑，称为明代著名建筑家。

天下王氏起源于山西的太原，被列为天下五大姓氏之一，有"天下第一王"之称。自周灵王太子晋开族立姓以来，上下达两千五百余年，可谓"王家远祖肇轩辕，百世流风溯太原"。在太原晋祠博物馆内，有一座明代重臣王琼的塑像，建于公元 1526 年的，为纪念先祖太子晋，所修建的王氏宗祠的子乔祠。

山西运城闻喜县裴柏村的裴氏家族自古是三晋望族，是历史上最有名的家族。历史上先后出过宰相 59 人，大将军 59 人以及 3000 多名政治、军事、经济、文化等诸多领域的卓越者，被称为"中国宰相村"，故有"族人遍九州，天下无二裴"之说。裴氏在李唐王朝的 200 多年间，先后出过皇后、太子妃、王妃 7 人，驸马 18 人，宰相 34 人，中书侍郎 4 人，尚书 38 人，侍郎 27 人，常侍 4 人，御史 9 人，刺史使 210 人，大将军 31 人。故有"无裴不成唐"的说法。"裴氏谱牒文化"已列入山西省第一批省级非物质文化遗产。

在时光的流逝中，历代风流人物大都只留在了史册里或历史书里。而傅山不只留名青史，更留在太原百姓记忆中。傅山在在世期间，曾被冠以"学海"，"文化昆仑"，他所留传的文化遗产弥足珍贵。在傅山故里，百姓为其修建庙宇如神一样加以供奉，尊其为"神医""仙医"。在民间，已然当作"神"一样的顶礼膜拜。平时一旦有家人生病，都会去傅山庙求医问药，20 世纪 50 年代，全国各地的求医问药者络绎不绝，甚至把傅山庙前的蒿草都拔尽，回家当作"神药"给病人服用。每年傅山的生日、每月初一、十五或重大节日，人们都会祭祀傅山先生，祈求保佑。

在纪念傅山逝世 300 周年前后，山西太原在晋祠庙内（现晋祠博物馆内）将同乐亭改建为"山西历代书画馆"，后改为"傅山书画展览馆""傅山纪念馆"。馆内永久性的陈列傅山批注过的书籍、所开药方手稿、傅山生前用品及傅山书画。

1962 年，人民美术出版社出版《傅山书画选》；1964 年，山西晋祠文物管理所和山西省中医研究所合编了《傅青主验方秘方》

《青囊秘诀》；1965年6月，上海人民美术出版社正式出版《傅山画集》，集中了北京、上海、天津、沈阳、太原各大博物馆（院）收藏的傅山绘画；1981年太原召开了"全国首届傅山学术研讨会"，出席会议的有来自十余个省、市、自治区，共120余人；1988年7月7日，在晋祠文管所（今晋祠博物馆），太原市傅山研究会宣布成立"傅山书画展览馆"；1988年成立"傅山医学研究会"；1989年由太原中医研究所、市傅山医学研究会编辑、文物出版社出版《傅山医学研究集》；先后出版发行傅山的相关书籍有《傅山传》《傅山年谱》《傅山生平》《傅青主女科校释》《傅山医学手稿》《霜红龛集》《傅山书法》《傅山论文集》《傅山诗文选注》《傅山论书法》《傅山论书画》《傅山全书》（七册）、《傅山评传》《傅山书法艺术研究》《傅山书法全集》（八册）、《傅山与中国传统思想文化》《傅山遗珍》等专著；1990年10月在太原市汾河边修建了傅山书法碑林公园，公园占地22000平方米，内有184块书法石碑；1997年应日本文字文化研究所的邀请，赴日参加了中日联合主办的"傅山书画精粹展"活动，受到日本各界的高度赞誉。2007年在晋祠宾馆隆重举办了"纪念傅山先生诞辰400周年国际学术研讨会"。来自国内外专家学者100余人参加。

傅山先生去世三百多年来，人们用不同的形式和方法纪念他，信仰他，傅山先生所配制的"头脑"三百多年来，亘古不变成为太原人冬季首选的养生早餐，还有其配制的养生酒"竹叶青"代代相传至今都是山西名酒的代表之一，也是热情的山西人宴请客人必备的酒水之一。

中华傅山园创建之日起，就肩负着"太原市爱国主义教育基地"的重任，傅山是一个生活在朝代交替，国家被异族统治的一位名满天下的志士和反清复明的斗士。

傅山的一生处处表现其对民族对国家的忠诚与责任，处处表现志在济世，心忧天下，情怀苍生的胸怀。用自己一生的精力传承中华文化基因，文化不亡，国家就不会灭亡的爱国主义情怀。爱国不再是口号，它早已内化为傅山先生的精神追求，外化为傅山先生的自觉行动，傅山先生留传下来的诗、书、画、医及诸多学术思想为中国文化发展做出重大贡献。还有其自强不息，坚定理想信念，坚守精神追求，矢志不改初衷的爱国情怀；天下兴亡、匹夫有责的担当意识；高风亮节和超凡脱俗的创造精神；扶危济困，自甘清贫，用工匠精神炼成医者仁心，治病救人；孝老爱亲，孝悌忠信，礼义廉耻的荣辱观和富贵不能淫，贫贱不能移，威武不能屈的品格和气节，是当代我们需要弘扬的中华传统美德，是极其珍贵的文化遗产。

第二节　研究的内容

我们试图通过一个逻辑途径来寻找答案。以物质文化和非物质文化遗产保护为研究对象，将"中华傅山园"作为切入点，遵循人本性、系统性、阶段性和协调性原则，营造文化生态，运用市场开发的模式，挖掘中华傅山园的文化价值，对傅山文化进行开发与利用。

首先介绍物质文化与非物质文化的概念，分析我国文化遗产保护和利用的现状。探讨文化遗产作为资源存在的价值，然后以我们的调查案例中华傅山园为主要分析对象，从设计方案，资金来源，执行情况及其周边福利影响和未来保护利用效果预期等方面来深入探讨这个新的保护利用方式的可行性和效率性。探讨如何利用中华傅山园，更好地传承和弘扬傅山先生留给我们的非物质文化遗产。

最后通过总结其中的经验概括其主要运作方式，并试着提出一个文化遗产保护的总体性框架建议，利用中华傅山园的开发满足大众对傅山其人及其思想和文化的好奇心，同时也满足人们日益增长的文化消费需求，文化遗产具有爱国主义教育、陶冶情操、科学研究等科教活动价值，充分发挥中华傅山园的价值与功能，如傅山养生文化遗产中的——头脑等一系列与人民生活息息相关的产品，已成为中华傅山园的主要品牌。

　　了解傅山的一生，走进其诗词；和书画的世界，再仔细翻阅和聆听留传下来的傅山治病救人的故事，相信您也会与我一样，深深地被傅山先生所折服，同时加深我们对中国传统文化的了解，提升我们的民族自豪感，激发爱国主义精神。

　　傅山先生的文化遗产，如今已与人民生产生活深度融合，触发我们的情感，浸染我们的灵魂。因为了解所以敬佩傅山先生，因为敬佩才会捍卫、继承和弘扬傅山先生的傲骨精神和做人的原则。

　　将中华傅山园的开发与人们生活紧密联系起来的发展策略，使园区的开发得到了良性的可持续性发展，又保持傅山文化遗产的生命力和吸引力，形成良好的生态环境，中华傅山园已成立了傅山学社将成为全国傅学研究中心和世界研究中心。把傅山先生博大精深的文化深入地研究下去，并且在更大范围内传播开来，真正发挥其建设特色文明名城的作用。最终实现名人带动效应。产生名人效应，既有助于历史文化名城的建设，也有助于非物质文化产业的发展。

第三章　研究概念的界定

第一节　文化遗产的概念界定

"人类文化遗产"的概念最早提出于 1954 年签订的《海牙公约》，在其序言中提出："（各国）确信对任何民族文化财产的损害亦即对全人类文化遗产的损害，因为每一民族对世界文化皆作有其贡献；考虑到文化遗产的保存对于世界各民族具有重大意义，该遗产获得国际保护至为重要"。此时提出的"文化遗产"也仅仅是"文化财产"的抽象集合体，此公约最大限度地保护"文化财产"免受战争的影响。

胡适先生在 1933 年芝加哥大学演讲"中国的文艺复兴"中，提到"这场新的运动却是那些懂得他们的文化遗产的人来领导的"。首次运用了"文化遗产"这个词，但当时这个词等同于"文化传统"。

"文化遗产"一词确定为直接保护对象，是在 1972 年联合国教科文组织在《保护世界文化和自然遗产公约》中才正式采用的。世界上最早制定文化遗产保护法的国家是法国，1840 年颁布了《历史性建筑法案》，并在 1984 年设立"文化遗产日"，成为最早设立"文化遗产日"的国家。

随着国际上"文化遗产"使用频率的提高，2005 年 12 月，国务院下发了《关于加强文化遗产保护的通知》明确指出："文化遗产包括物质文化遗产和非物质文化遗产。物质文化遗产是具有历史、艺术和科学价值的文物，包括古遗址、古墓葬、古建筑、石窟寺、石刻、壁画、近代重要史迹及代表性建筑等不可移动文物，历史上各时代的重要实物、艺术品、文献、手稿、图书资料等可移动文物；以及在建筑式样、分布均匀或与环境景色结合方面具有突出普遍价值的历史文化名城（街区、村镇）。非物质文化遗产是指各种以非物质形态存在的与群众生活密切相关、世代相承的传统文化表现形式，包括口头传统、传统表演艺术、民俗活动、礼仪与节庆、有关自然界和宇宙的民间传统知识和实践、传统手工艺技能等以及与上述传统文化表现形式相关的文化空间。"① 本书所研究的，主要涉及的是非物质文化遗产。

第二节　非物质文化遗产的概念界定

非物质文化遗产早在 20 世纪六七十年代已在日本、韩国等一些国家兴起，但对其概念却并未有准确的界定。1997 年 11 月，联合国教科文组织通过了建立人类口头与非物质遗产代表作的决议，"口头与非物质遗产"的概念被确认。2003 年 10 月，联合国教科文组织通过了《保护非物质文化遗产公约》，确认了"非物质文化遗产"的概念非物质文化遗产指被各群体、团体、个人视为其文化遗产的各种实践、表演、表现形式、知识和技能，及与之相关的工具、实物、工艺品和文化场所。其包含内容为：（1）口头传统和表现形式，包括作为非物质文化遗产媒介的语言；（2）表演艺术；（3）社会实践、礼仪、节庆活动；（4）有关自然界和宇宙的知识

---

① 国务院：《关于加强文化遗产保护的通知》，国发［2005］42 号。

和实践；（5）传统手工艺。

非物质文化遗产主要有以下特点：（1）传承方式的独特性。其传承方式主要是依靠记忆、口传心授，传承过程是一个以人为本的活态的、历史绵延的文化传承过程，作为一种生活方式而存在。（2）活态性。在它的形成与发展过程中，它总是在不断地变化，不断地受到外界环境的影响，如传承人的不断变化造成了它的不断变化。（3）本源性。它可以溯源到原始先民的文化创造，如原始的图腾崇拜、巫术活动等。如在现在南宁市良庆区，当地人还保持着很淳朴的习惯，受知识文化水平的制约，人们依然对土地神等虚无的神灵充满敬仰之情，每逢节庆之时都会烧香祭拜，以表达对美好生活的向往。（4）民族、地域性。非物质文化的起源。变化与发展总是与当地民族相联系，体现地域特性。

非物质文化遗产定义的确定，使其保护与开发越来越多地进入人们的视野与行动中来。我国目前使用较多的非物质文化遗产概念是在国务院发布的［2005］18号文件《关于加强我国非物质文化遗产保护工作的意见》中提出的："非物质文化遗产指各族人民世代相承的、与群众生活密切相关的各种传统文化表现形式（如民俗活动、表演艺术、传统知识和技能以及与之相关的器具、实物、手工制品等）和文化空间。"与《公约》相比，我国对于非物质文化遗产的界定多了项"文化空间"，实际上这里的文化空间就是指定期举行传统文化活动或集中展现传统文化表现形式的场所。从表述上看，两种定义似乎有所差别，其实在非物质文化遗产的本质上二者是一样的。

除了官方对非物质文化遗产概念的界定以外，国内外一些学者在此基础上也提出了自己的观点。Viv Golding（2004）对联合国教科文组织提出的"非物质文化遗产"概念指出了需强调的三个方面的重点：一是物质遗产与它关联的产品和使用的实践经验一样重要；二是不断地得到传承和创新；三是在一个复杂的民族领域内，物质和非物质文化方面可以增加一个个体或团体的特性，同时在全球范围内，提高人们对文化多样性的尊重和不同文化之间的理解。Schm itt, Thom asM（2005）比较了非物质文化遗产这一新概念出现的历史与其出现在其他国际机构的假定，并提出了联合国教科文组织产生这一概念的基本元素以及它与文化地理的相关性。从国内学术界对"非物质文化遗产"概念的理解上来看，主要有两种意见：乌丙安（2004）、吴馨萍（2004）、李世涛（2006）和巴莫曲布嫫（2007）等大多数人主流的意见是，基本认可联合国教科文组织制定的《保护非物质文化遗产公约》中对非物质文化遗产的界定，但是需根据中国实际情况加以补充和修改，来指导我们的理论研究和实践工作。而王宁（2003）、连冕（2005）等人的另一种意见认为联合国教科文组织通过的定义主要吸收了国外（特别是发达国家）的意见，依据的是国外的文化传统、文化遗产和文化遗产的保护实践，而这些意见和依据都与我国实际情况有较大的差距，因此，要立足于我国文化遗产保护的实际情况，并吸收联合国教科文组织界定这个概念的经验，而不是照搬联合国教科文组织的定义。

本书认为无论是来自国内外官方的认定还是学术界独到的观点，对于非物质文化遗产的本质特性大家是达成共识的。第一，非物质文化遗产应具有本土性。在非物质文化遗产的界定中包括了文化空间，它具体指举行传统文化活动的场所。这就决定了非物质文化遗产必须扎根于一个地方的传统文化历史中，有其特定的文化渊源。一旦离开原有的文化环境，就会丧失其原真性。第二，非物质文化遗产离不开人的活动。向云驹（2004）指出："非物质文化遗产是一种典型的'人体文化'，它以人的身体为载体，包括人体的器官、行为以及传承人都是非物质遗产的载体，也是非物质文化遗产的主体和对象。"第三，非物质文化遗产极具多元性。多元性特征表现在：从横向上看，不同地区、民族、信仰、风俗所拥有的非物质文化遗产有所差异；从纵向上看，同一地区、民族、信仰、风俗在不同时期的非物质文化遗产内部也不同。第四，非物质文化遗产是不断传承和发展的，而不是静止的、不变的，非物质文化遗产是具有延续性和变化性的活态存在物，极具鲜活的生命力。非物质文化遗产的这些特点决定了在进行旅游开发过程中必须注意不能破坏原有属性，实现非物质文化遗产的可持续性发展，否则一旦破坏，就不可逆转。

第三节　非物质文化遗产的价值界定

非物质文化遗产是一个民族维护本国身份和文化主权的基本依据，是本民族的识别标志，是维系一个群体生存的生命力，是一个民族发展的动力源泉，是一个群体或个人创造的以非物质方式被后代所认可与继承的文化财富，后人既是传承者也是创新者。《宣布人类口头和非物质遗产代表作条例》在申报中规定：列入《名录》的作品必须是"在该民族及文化群体中起着确认文化身份的作用；作为灵感及文化间交流的源泉和凝聚各民族或各群体中所起的文化及社会作用；或因缺乏拯救和保护措施、或因变革过速、或城市化、或外来文化切入而面临消亡的危险"。[①] 越是民族的就越有世界性的文化价值。

"不忘初心，继续前行"亦可用于非物质文化遗产的传承和保护，对于继承弘扬中华民族优秀文化和我国当代文化创新发展具有重要的战略意义。现代环境经济学研究发现，种种从前不被人们视

---

① 《人类口头和非物质遗产代表作申报书编写指南》，非物质文化遗产网（http://www.chinaich.com.cn）。

为资源的物质，正日渐成为新的资源和新的经济增长点，其原因就在于资源的稀缺性及其可利用性，而文化遗产，因其不可复制性及其不可再生性，当属稀缺资源，也正因如此，其在资源层面上存在着诸多价值。

在精神层面上，具有历史文化等多重价值。作为历史的产物，文化遗产必然烙上时代的印记，反映当时的自然生态状况和社会、政治、经济、科技、军事、文化等状况，具有历史价值。同时，它们还具有很高的文化价值，文化遗产本身包含着特有的、丰富的文化信息，这些信息对于探究文化的根源与发展有着重要的意义，从这个层面上来说，它还具有社会价值，科学研究价值等。此外，丰富的文化遗产，也可以激发一个国家和民族的文化归属感和认同感，激发爱国主义精神和民族自豪感，近几年来的非物质文化遗产已成为国家文化发展战略的重要内容之一，是民族生存和发展的重要力量。"古往今来，中华民族之所以在世界有地位、有影响，不是靠穷兵黩武，不是靠以对外扩张，而是靠中华文化的强大感召力和吸引力。"① 中华民族伟大复兴需要强大的精神力量和物质力量。保护和传承非物质文化遗产是一个国家、一个民族屹立于世界民族之林的根本。

在物质层面上，对经济发展有着多重意义。文化遗产首先可以给旅游业带来繁荣，在带来门票收入的同时，还会拉动文化（纪念品）等相关产业的发展。更重要的是，文化遗产还可给一个地区和企业带来不可复制的品牌效应，大大提升其知名度和社会形象，从而进一步吸引来更多的投资，刺激和推动该地区的经济发展，形成良性循环。总体而言，文化遗产绝不仅仅局限在经济价值上，空间

---

① 中共中央文献研究室编：《习近平总书记重要讲话文章选编》，2016 年版，第 182—183 页。

上绝不仅限于遗产地景区内，产业上不只限于旅游业本身，其价值形态乃是复合的、多元的、多维的。只有进行适当的产业整合，使得文化遗产的价值不仅仅体现在旅游开发，更反映到更完整、更长的产业链上，使遗产的价值辐射不仅仅表现在遗产所在地，更辐射周边，带动地区，这才是遗产价值的真正体现。

第四章　研究方法

"工欲善其事，必先利其器。"科学的方法始终是科学研究的重要工具。"他山之石，可以攻玉。"任何单一的研究方法都有其局限性，从具体到抽象，从形式到内容，从现象到本质，有比较才会有鉴别，多重视角和方法的运用是本书研究的方向，也可以说是本书研究的一个亮点。

对傅山文化进行研究涉及社会学、文化学、人类学、历史学、民俗学、逻辑学、地理学等多种相关学科的学术方法。实施方式上，在坚持辩证唯物主义和历史唯物主义的原则上，采取了各学科的联合和理论方法融合的办法，形成了多学科的综合优势。

第一节　逻辑方法与社会史相结合

傅山非物质文化遗产是中国传统文化的一部分，承载着中国传统文化的精髓和魂魄，是中国传统文化的沉淀与反映；同时也以其独特的方式潜移默化地影响着华夏文明的气质和心理。因此，傅山传统文化在理论上受中国传统文化的思想指导，在行为方式上受中国传统文化的制约，在中国传统文化诸因素的影响中发展，既有中国传统文化的共性，又有其独特性。

傅山生活在明末清初，出生于书香门第，深受中国传统文化儒释道思想的熏陶，博学多才，成为一名书法家、思想家、医学家、武术家，可谓是集大成者。其留下的非物质文化不仅属于知觉意识领域，还属于身体动作。通过身体语言来诠释传统文化，在运动过程中，不断地追求完美，在传承的过程中不断进行创新和发展。因此，我们依据社会史发展的理论，探讨傅山拳法、傅山书法、傅山医学、傅山思想、傅山传说故事等赖以生存和传承的文化背景、生产生活方式、政治法律制度和社会意识形态的变革对其发展所带来的社会影响。傅山传统文化又有着悠久的历史，其内涵异常丰富，我们既要对它的来龙去脉有一个明晰的了解，又要避免被无法穷尽的枝节材料所淹没，因此，要将横向逻辑分析与纵向社会史的理论结合起来。

第二节 文化方法与历史方法相结合

傅山非物质文化遗产研究对象为活的文化，文化自身在不断地发展演变，文化是一个错综复杂的概念，在一个空间里有很多不同的影响因素相互交织，不能预测，不能改造，不能控制，更不能革命。对于活的文化研究是一个十分复杂，逐层深入，即需要以整体、历史的观点来诠释，也需要以文本来理解。文化的演变只能在理解、交流、互动中自然发生，运用文化学的基本理论和基本概念，对传统傅山文化的文化结构、文化特征、文化载体等要素进行分析研究。

文化是联系人与社会、人与历史的纽带，因此对傅山传统文化进行文化分析时将着重分析傅山传统文化同历史、社会、政治、经济以及人文地理环境的联系等问题。文化分析的基本方法是归纳与演绎并重的科学思维方法，注重论述的逻辑性。当然，所谓文化学的研究方法并不是独立的和封闭的，在实践上它常常表现为采用跨学科或交叉学科的研究方法，对于傅山传统文化的研究也是如此。

第三节　文献梳理与田野调查相结合

　　文献梳理就是对有关傅山的科研资料文献进行检索和收集后，经鉴别、整理、分析并研究的过程。本论文的文献资料主要包括傅山相关典籍、论文、中国传统文化的史料以及与本课题有关的方法论和学科理论。

　　此外，对于傅山文化这一独特的传统文化，我们必须采用实地研究的方法，深入三晋大地傅山曾经留下足迹的地方去，到人民群众中去，到傅山曾生活和修行的遗址中去，通过调查、面对面的交流和访谈，对傅山文化背后以非文本形式存留于人们口头流传的众多要素，以参与观察和无结构访谈的方式收集资料，并通过对这些资料的定性分析来理解和挖掘傅山文化。

第四节　分析与综合法

　　分析与综合法是思维的基本方法。人脑是一个复杂的加工厂，将不同的材料加以分析和综合，分析是把研究对象分解为若干部分、方面或因素，分别加以考察，找出各自内在的联系和本质属性。综合法是把研究的各个方面结合起来，形成一个整体性认识的思维方法，分析是综合的基础，综合是分析的整合，综合是与分析相反的思维过程。

　　在完成相关傅山资料收集后将采用逻辑分析法对资料进行整理。首先，对收集来的大量资料进行细致周密的剖析，以一定的观点和标准进行筛选，剔除无用的或无关紧要的部分，留下对进一步研究必要的有用的部分。其次，是在上述分析的基础上进行思维组织工作。这种思维组织，不是将已认识到的事物各要素机械相加，而是要求发现它们之间的有机联系，在科学的、实事求是的基础上，在同一个层次，在具有可比性的问题上展开。找出蕴含其中的内在规律。

第五章　我国文化遗产保护的现状

文化遗产所具有的多重价值，使得不少地区对之趋之若鹜。一些地区为了旅游业的发展，不惜不加节制地开发。然而，文化遗产的珍贵正是在于它自身的不可复制和历史价值。过度的开发将造成不可逆转的永久伤害，也将毁掉文化遗产的历史价值和文化内涵，失去未来发展的立身之本。正因如此，文化遗产保护工作显得任重道远。

与国际上的文化遗产保护相比，我国的文化遗产保护工作起步较晚。

1982 年我国创立了历史文化名城保护制度，大遗址保护工作才开始起步。1987 年周口店"北京人"遗址被列为世界文化遗产，这是中国遗址第一次列入《世界遗产名录》，它标志着中国遗址保护工作开始得到世界的肯定；1994 年开始在国家自然科学基金资助下进行，创造性地提出和建立了"资源、平台、生长点"的规划设计理论与方法，中国建筑历史研究所完成了汉阳陵文化遗址公园规划、秦始皇陵园保护与利用可靠性研究、汉阳陵帝陵遗址博物馆建筑设计、三门峡虢国君王墓地遗址博物馆建筑设计等一系列有重要影响的实际项目，这些研究成果当时达到了国际先进、国内领先水平。

2015 年 7 月 4 日随着中国土司遗产在德国波恩召开的联合国教

科文组织第 39 届世界遗产委员会会议上审议通过,中国拥有 48 处世界文化遗产,居世界第二,仅次于意大利。这些研究成果当时达到了国际先进、国内领先水平。但纵观国内文化遗产的保护现状,我国的文化保护工作水平还停留在初级阶段。

第一节　保护方式较落后

　　大多仍停留在静态博物馆式的保护方式上,如河姆渡博物馆,秦兵马俑博物馆,印山大墓、老山汉墓、半坡遗址等。同时,缺乏动态保护的理论与方法,缺乏将大遗址纳入当地的生态保护之中综合进行研究。实践证明,正是由于相对孤立和静态的保护方式,使得文化遗产的保护脱离了当地的发展和建设,相当于切断了它和现代的联系和文脉,成为另一种意义上的伤害;而经济评判的常态性缺失,也使得周边群众视文化遗产的保护为自己发展的阻碍,从而造成对保护政策的不理解甚至抗拒破坏。

　　文化遗产的保护一方面认为开发商业旅游是文化遗产赶超现代化的机遇,另一方面又期望其保持原生态,为旅游参观者可以提供最真实的体验。文化是文化遗产的核心,但遗产成为旅游,必会带来开发上的或多或少的改变,遗产的原真性就会受到破坏,比如:“自古华山一条道”说明华山的险要,路途的艰辛,但为了满足游客的需要,在华山西峰投资 5 亿元,在崖壁开凿硐室站房,设中间站的单线物质循环脱挂式索道,全长 4211 米,相对高差 894 米;华山北峰索道全长 1524.9 米,落差 755 米。乘缆车确实免去了游人爬华山之苦,但也失去“自古华山一条路,只有勇者敢攀登”的真实身体体验。

　　西安是十三朝古都,随处随地都是文化遗产,20 世纪 80 年代为保护文物古迹 2944 处,唐大明宫遗址和汉长城遗址采用被动性保护，不在遗址上进行任何建设和开发，周边的村民生活困苦。近十年来，随着城市化进程，西安遗址开始采用曲江模式，即依据文物遗址，建设大面积的城市公共公园，通过周边文化产业以及古建筑的开发带动周边地价的上涨，从而利用商业开发带来的利益反哺保护遗址。但这种开发虽然解决了周边群众的生活现状，但破坏了遗址的原来风貌，这种开发受到了质疑，大遗址的保护，需要国家层面的支持，仅靠当地政府之力实在阻挡不了经济开发的步伐。

我国"大多数文化遗产景点或遗址都陷入了巴特勒所描述的发展周期，即原始使用、游客使用、解说、恢复原貌、精心建设、最后蜕变为面目全非的高度虚构及商品化的旅游景点"。①

世界上遗址的所有保护者，都明白一个道理，遗址必须保留其全貌，保留它的历史感。古希腊、古波斯、两河流域、印度直到南美的玛雅这些遗址，一律都是原封不动。遗址的遗存是一种特殊的方式，尽管它只有残剩的残垣和石柱，甚至是草坑和土堆，但它是其生命仅存的最后的实体，是唯一能触摸到的历史真实。如果遗址没了，历史便也完全消失。我国许多遗址正在被人为地施工所破坏；从河南的殷墟、京西的圆明园遗址到西安华清池，到处在动土动工，修筑围墙，点缀小品，植树种花，竖立雕塑，更有甚者添油加醋地增添各种"景观"于其间，努力把文化遗址"打造"成一座座公园。我国的文化遗址大都失去了其本真性，而充满了商业气息，这也是地方政府不得已而为之，发展经济与保护遗址之间很难取得一个平衡点。这是开发中的保护，也是开发中的破坏。

---

① 曹国新：《文化遗产旅游研究的现状、症结与范式创新》，《旅游学刊》2010 年第 6 期。

第二节　保护法规制度不健全

　　我国文化遗产管理主体多元化，管理层次多重化，管理权限不清，就一个遗产来说，往往是多个部门参与管理，例如黄山、武当山、泰山等遗产地，除了文物部门管理，还有城建、宗教、林业、旅游、土地管理等部门，各个部门有各自的不同的利益需求，缺乏有效的遗产沟通管理机制。特别是在对破坏文化遗产行为及其处罚的界定上目前法律界定显得模糊不清，难以有效执行。而在行政上的多头管理与缺位同时并存，使得某些领域成为真空区域而某些有利可图的方面，却是多方纠缠其中。按照目前的体制，保护工作一般由文化部门和城市规划部门两个平行的行政体系来共同承担。而除文物保护外的历史名城、历史文化保护区等的保护管理工作是由规划部门和文化部门共同负责，即在中央由建设部（城市规划司）和国家文物局主管，在地方由地方城建规划部门和文物、文化部门负责。同时在我国的诸多管理条例中，又提出"公安机关、工商行政管理部门、海关、城乡建设规划部门和其他有关国家机关，应当依法认真履行所承担的保护文物的职责，维护文物管理秩序"。

　　由此可见，我国的世界自然遗产划归建设部管理，世界文化遗产的管理则归国家文物局负责，而旅游、林业、环保甚至水利等很多部门在这些遗产地又享有各自的管理权。而代表中国政府与联合国教科文组织相对应的中国世界遗产委员会却又设在对世界遗产没有任何管理权的教育部。由于世界遗产分属不同的部门管理，这种多部门的分级管理体制职责过细，导致政府部门之间出现"你中有我，我中有你"的局面，管理上有很多重叠之处，同时又存在"真空地带"，进而使遗产管理工作效率较低，管理混乱，相互扯皮又相互制约，甚至发生政策方面的冲突，"在遗产的保护和利用上，有法不依、执法不严的现象越来越严重；文物保护的投入不足，而文物的'贴现'现象却愈演愈烈"①。

如以西安古城墙为例，1961 年入选我国第一批全国重点保护文物。西安城墙始建隋初，是中国乃至全世界规模最大、最为完整的古迹之一，现存城墙建于明洪武七年至十一年，至今已有 600 年历史，包括护城河、吊桥、箭楼、闸楼、正楼、敌楼、角楼、垛口等一系列军事设施，形成完整严密的军事防御系统。城墙在未开发前城墙根外围归园林局，护城河归市政局，城墙的旅游归旅游局，城墙根内的顺城巷则属莲湖、碑林等好几个区负责。各个部门想到推诿扯皮，城墙的统一管理很难，旅游局想在城墙上举办灯会悬挂彩灯来吸引游客，文物部门就不同意，多部门负责又多部门难以协调的时候，城墙归曲江接管后所有权力归城墙管委会统一管理，统一规划，完成了城市工程南门区域综合改造，合理化的管理解决了保护文化遗产与城市发展的巨大矛盾。现在的西安城墙由原先的亏本，负盈利开发为今天接纳游客最多的旅游景点之一。

全国重点文物保护单位井陉窑遗址 2005 年至 2009 年，先后遭受到鑫源煤炭运销公司的四次施工严重破坏，而当地文物主管部门负责人接到群众举报后，并未向上级业务部门报告，也未按有关规定予以立案或移交公安机关，使古瓷窑址大量遗迹遗物不复存在。2015 年 3 月 18 日，南京市对破坏市级文物保护单位颜料坊 49 号的建设单位仅开出 50 万元的处罚，2014 年上半年，国家文物局接报在文物保护单位周边违法建设等案件 81 起，破坏文物本体案件 3 起，其中绝大多数是"法人违法"。此类案件屡见不鲜，则是因为破坏者付出的代价要远远低于获得的利益。即低成本的犯罪却换来高额的利益，这种处罚是惩治还是鼓励？这需要我们管理部门制定

---

① 陆建松：《中国文化遗产保护管理的政策思考》，《东南文化》2010 年第 4 期。

出相关的严厉的处罚，违法者要付出难以承受的代价，才能制止这种违法行为的发生。

第三节　保护开发资金不足

公共产品的文化遗产保护，其主要的资金来源应该是政府，但我国对文化遗产保护资金的支持一向捉襟见肘，同时缺乏一个整体的管理机制和执行机构。而在引进政府之外的资金上，由于缺乏有效的市场运作机制，对于慈善资金及其社会资金的吸收力严重不足。

文化要发展，要以经济为基础，先解决好人们的生活物质需求，才能有精神生活的享受和需求。中华人民共和国文化部令第45号《国家级非物质文化遗产代表性传承人认定与管理暂行办法》中规定：对无经济收入来源、生活确有困难的国家级非物质遗产项目代表传承人，所在地文化行政部门应积极创造条件，并鼓励社会组织和个人进行资助，保障其基本生活需求。国家虽然做了明确地表示，但在现实生活中，依然有一些非物质文化传承人，不得不为生活所迫，而改行，另谋出路。如临川篾编，是江西省非物质文化遗产，46岁的徐建元告诉记者，"现在，在整个抚州市，找不到一个30岁以下的学徒"。他是江西抚州地区唯一的传承人，因为这行赚钱难，其师兄、师弟，甚至是师父都改行了。

尤其是改革开放以来，大城市多姿多彩的生活吸引着大多数青壮年远离故土，在外漂泊奋斗。"至今我国已有2.8亿青壮年农村劳力外出打工。"[1] 即使在外也同样的辛苦，但很少有人愿意返回故土，从事传统的技艺，这就出现了继承人的断层或断代，大多数

---

[1]　丁声俊：《新战略新内涵新道路》，《中国农村科技》2014年第2期。

项目传承人年龄偏大，传承后继无人。如苗族多声部情歌州级传承人只有1人。因外出打工的年轻人日益增多以及网络信息的发展和外来文化的冲击，使苗族日渐失去原先的文化生态环境，大量流行歌曲的传入，更使原本不容易学，难度大，又费时的苗族古歌面临传承人的危机。

正如时任中国民协副秘书长向云驹先生在2006年2月27日，接受中国网访谈时所讲："由于我们国家历史悠久，地理形态独特，所以我国关于非物质文化遗产资源的分类类别上就显得丰富多彩……我们国家的资源在全世界还没有一个国家能超过我们独特的传统，有这么悠久的历史，还有这么丰富的内涵，所以我们是一个非物质文化遗产的大国……"贫穷和落后是保护不了资源的，保护是开发利用的前提，而开发是为了更好的保护，但目前，我们有很多古村落遗址，因地方经济长期贫困，连基本的生存条件都难以维持，又无外界和政府的资金投入，所以在风雨侵蚀中遗址正走向毁灭。

如国家历史文化名村佛冈县龙山镇上岳古围村，有着720年的历史，因年久失修，使当地六座祠堂中最具有艺术价值和保存最好的朱公祠（该祠于乾隆四十六年，距今233年，由朱朴山的5个儿子为供奉先父而建，光绪九年重修），一场突如其来的强风和冰雹让古祠破败不堪。据胡小宏工程师介绍，修复最难的是鳌鱼头和龙船脊。

2014年1月23日《京华时报》刊登出标题为"太原市级文保单位成高端私房菜馆"的报道，引起山西人对文物保护的关注。山西有28000余国保和省保古建筑文物，有60%需要维修保护，119个县（市、区）的9000多处市、县文物保护单位中，只有40多个县将文物保护纳入本级财政预算。很多文物根本得不到应有的维护，太原市迎泽区帽儿巷27号的太原市文物保护单位"晋绥铁路银行旧址"是民国时期山西重要的银行。因长年缺少维修资金，二层房顶坍塌后，原承租单位"三善豪德聚饭庄"无力修缮，转租给个人刘晓东，而刘晓东将其装修成"惠公馆"。于是便有了以上报道。资金的不足是保护文物遗产面临的最大问题。

第四节　党政领导认识存在偏差

《世界遗产公约》第四条明确指出：文化和自然遗产的确定、保护、保存、展出和遗传后代，主要是有关国家的责任。在越来越重视遗产保护的今天，有些地方，重申报轻保护，把申报遗产工作当作领导干部的政绩，申报时不惜投入大量的人力、物力，申报下来却疏于后续的科学的管理、保护和开发。

文化遗产是不可复制和再造的，文化遗产不仅能推动旅游、带动交通、提高地方经济，增加就业机会，而且文化遗产还是一份永久的经济利益，其知名度就是一个巨大的无形资产，能为文化遗产地带来永久的利益，文化遗产的历史越久，价值就越高。例如，北京的故宫、西安的兵马俑和巴黎的罗浮宫。如果为了追求片面的经济利益，而任意损害文化遗产，可能会换得一时的经济利益，用不了多久，就可能留下愧对子孙的遗憾，而决策不当或失误是我国文化遗产造成破坏的重要原因之一。

文化传承中保护和开发是永恒的主题。一些地方政府往往将遗产这种不可再生的文化资源完全等同于一般的经济资源而且是无成本的经济资源，以旅游价值完全取代历史文化和科学价值。于是世界遗产被当作了地方的"金字招牌"和开发商的"摇钱树"；有的将历史建筑改造成豪华酒店，只为做大"门票经济"不考虑文化遗产的承受力；还有的地方政府公然要求遗产地几年内要成长为当地财政的"顶梁柱"，市场化炒作、商业化经营，更有甚者将世界遗产当作地方或私有商品捆绑上市，发行股票，导致世界遗产遭受无法挽回的破坏。

有资料显示，泰山的3条游览索道对泰山景观以及生态环境造成严重影响；敦煌莫高窟由于游客过多，游人呼出的二氧化碳和光线的影响造成壁画变色剥落，20年间的人为损坏超过过去几百年来的自然侵蚀。

随着国家对文化遗产的重视，一些彝族非物质文化遗产成为相关企业和政府部门的关爱，在开发过程中重经济效益而忽视了文化传承的特点。往往把文化遗产作为招商引资和旅游来进行开发。如彝族的傩戏"变人戏"（彝语称为"撮泰吉"），是了解彝族古代历史文化的重要载体，其充满原始气息，具有很高的艺术价值和文化价值。但一些政府部门和学者专家为了让其规范化、市场化，在改编过程中往往把传统的与现代的东西混杂在一起，加入了其他乐舞因素，使其民族特色变得越来越淡薄，原有的文化价值、艺术价值和历史价值已在开发和保护中遭受到破坏。

中国新闻网2013年4月24日报道徐闻县南山镇二桥村、仕尾村、南湾村一带的山丘等地，是广东发现的10处汉代文化（建筑）遗址之一，同时该区域也是我国汉代海上丝绸之路的遗址保护范围，但由于地方领导重视不够，在遗址一带，却一直未设立相关的保护标志。而村民受经济利益的诱惑，擅自卖土给附近旅游开发商用于填盐田，使遗址严重毁坏，也未见相关部门到现场阻止或实施保护。

第五节　文化遗产失去赖以生存的文化空间

2003年联合国教科文组织第32届会议通过的《保护非物质文化遗产条约》中对非物质文化遗产的概念界定时，提出了"文化场

所"即"文化空间"。每一类非物质文化遗产都有着其本身独特的
"文化空间"。正所谓："百里不同风，千里不同俗。""文化是创造
出来的，是习得的，不是经由人的生物属性遗传而来的，是依赖于
人为代际来传承的。这种传承需要适宜的环境，如自然的环境、人
文环境、教育环境和水文环境等。"① 文化要传承必须与时俱进，
因为文化究根结底是为活人的。

随着时代的变迁，科技的发展，城镇化的扩张，村落的缩小或
迁移，人们生存空间和价值观念都在改变，原本评定一个人能力
的标准在改变，一些手工艺以及其他一些较强专业性、技艺性的
行业，包括老祖宗箱底压着的技艺，都英雄无用武之地，被时代
进步所淘汰，传不下去，"人在艺在，人走艺亡"是老艺人共同面
对的问题。例如，苗族不再以女子会绣花、会纺纱织布为能干的
标准；广西大瑶山的瑶族男同胞也无须再爬吊楼寻找爱情；布依
男女也不必在二月二时再对歌择偶。如今苗族手绣已被机绣所替
代，越来越多的人在日常生活中越来越少穿民族的服饰，而穿从
商场购买的成衣。爬吊楼对歌的择偶方式，已被电话、微信、QQ
等网络平台所代替，过去浪漫的含蓄的传情方式如今已一去不复
返。现今布依族二月二歌声依然嘹亮，但那已经成为一种商业化
的表演形式，都是景区请的一些老歌手在演唱，并配合布依族的
舞蹈和游戏，成了一种独具民族传统文化的文艺表演，失去了其
最原始的价值和作用。

土家族婚嫁中以歌择友和姑娘用哭嫁的方式表达感恩父母的养
育之恩。因现代文化的侵入，人口外流，导致土家族文化几乎中
断，无人继承。

---

① 吉灿忠、邱丕相、李世宏：《传统武术"文化空间"所遭遇的抵牾及其理论调
适》，《天津体育学院学报》2010 年第 6 期。

随着城镇化的进程，农耕文化失去了其原来生活空间，如皮影、木雕、剪纸、传统武术等传统艺术都在急剧地消失。自古："农忙时种田，农闲时造拳"的习俗早已无影相随，"传统武术学习周期长，难度大，且不能直接获得合理的收益，除此之外，传统武术的精耕细作，需要有灵气、悟性高的年轻人来继承等因素，这导致了传统武术后备人才少之又少。城市化进程导致了传统的衰败，而且也把传统武术带上了一条自我毁灭的不归路，如果我们不采取措施，传统武术也许会在城市化无节制的扩张中走向终结"。① 村落拳师迫于生活压力，大多弃武改行。

长江三峡大坝改变了长江中上游的水道状况，黄河上多个水库使原先的航运水道基本消失，连同各种大小机动船只的出现，使纤夫这一职业成为了历史。"纤夫号子"那豪迈嘹亮有力的回荡在江水岸、山峡间的"纤夫号子"声，肯定是永远地消失了。同时，当大型的碾压机、小型电动机打夯机遍及城乡工地时，"打夯歌""打夯号子"声，也将消失得无影无踪。

---

① 王岗、薛立强、徐政权：《城市化进程中传统武术的生存"困境"与应对措施研究》，《南京体育学院学报》2015 年第 1 期。

第六章　中华傅山园案例分析

第一节　研究对象的选择

　　基于对我国文化遗产保护上述种种问题的认识，我们一直在寻找一个相对成熟的比较成功的开发范本，并通过对这一标本的解读，试图在有效开发与有效保护之间，寻找到一条可行之路。

　　山西省悠久的历史和独特的地理位置，成为我国重要的文化遗产大省。如山西平遥古城 1997 年 12 月列选为世界文化遗产，大同云冈石窟 2001 年 12 月列选为世界文化遗产，五台山 2009 年 6 月在西班牙塞维利亚第 33 届世界遗产委员会会议上，审议通过列选为世界文化景观遗产。这是对山西省丰富的文化遗产的认可也是对山西省文化遗产保护工作的肯定。

　　山西省省级非物质文化遗产共计 418 项，第一批省级非物质文化遗产（共 105 项）第六类杂技与竞技（共 2 项），62 号晋中市心（形）意拳；第九类传统医药（共 2 项），86 号太原市尖草坪区傅山养生健身术（八珍汤、傅青主女科、傅山传说）；第一批扩展项目（共 26 项）第六类传统体育、游艺与杂技类（1 项）15 号永济市心意拳协会、祁县戴氏心意拳协会心意拳；山西省第二批省级非物质文化遗产名录（167 项，新入选项目 141 项，扩展项目 26 项）第六类传统体育、游艺与杂技（10 项）64 号太谷县形意拳协会，

69 号太原市尖草坪傅山文化园傅山拳法，73 号洪洞县通背缠拳协会洪洞通背缠拳，传统医药（8 项）113 号杏花村汾酒集团竹叶青酒泡制技艺；山西第三批省级非物质文化遗产名录扩展项目名单（共 64 项）第六类传统体育、游艺与杂技（共 1 项）27 号晋中市灵石县武术协会傅山拳。

令人欣慰的是，在烦琐的案例前期收集过程中，太原市尖草坪区中华傅山园及与傅山有关的非物质文化遗产进入了我们的视线。根据初步调查掌握的资料，我们初步判断，这正好是一个文化遗产的保护与经济发展实现双赢的典型案例。

第二节　中华傅山园基本情况介绍

中华傅山园位于傅山先生的故里——西村，是为纪念傅山先生诞辰 400 周年而修建的。傅山是明末清初学者，字青主，（1607—1684）山西阳曲县（今太原市尖草坪）人。他博通经史、诸子、佛道、医药之学，擅长诗词、书画、金石，尤以音韵见长，被认为是明末清初保持民族气节的典范人物。傅山自言："号令自我发，文章自我开。"傅山与顾炎武、黄宗羲、王夫之、李颙、颜元一起被梁启超称为"清初六大师"。著有《傅青主女科》《傅青主男科》等传世之作，在当时有"医圣"之名。由于历史的原因，除了书画诗文，傅山生活和活动的历史遗迹留存不多，傅山故居也就随着岁月的逝去而淡出人们的视线，变得湮没无闻。然而，傅山先生作为明末清初三晋文化第一人，17 世纪中国思想文化界的一座"奇峰"，其文化地位是无可撼动的，是山西文化名人的杰出代表，素有"晋魂"之誉。

中华傅山园整个园区规划占地 200 余亩，总投资约 3 亿元，园区以明清建筑为主，结合江南园林建筑风格，按照园中院的独特建筑风格，以傅山的风格和文化特点，按照他出家时，在寿阳五峰山龙泉寺的思想定位，园区有儒释道多方文化，即三门四柱五顶形一牌楼，高 7.8 米，喻示傅山先生享年 78 岁，正中央石坊上刻有山西大学著名教授姚奠中先生提写的"中华傅山园"，中门立柱上刻着傅山先生的一副对联："饮水拂云玄圃外，丹枫青嶂洞庭秋。"

牌楼相对的是相隔四百米长的一条街绘有古晋阳外八景之一崛围览胜图的影壁（前壁后台，后台为明镜台或戏台），正对明镜台的傅公祠，也就是山门，位于整个园区的中段，是南北中轴线上的重要建筑。在门额上镶嵌着傅山字体的"履中""蹈和""道通""霜红""峰青"等。

从明镜台至傅公祠有一四门太极广场，广场南侧是正门，正门三洞门楼；广场左右通往西村、兰村；广场正面两侧各设一座扇亭；广场北侧，山门前两块巨型石刻，东面石刻"中华傅山园"五个大字，西面一块，刻"爱国主义教育基地"，山门左右树文钟武鼓。

整个园区，有三条神道，以中轴贯通，环廊连通，八卦在中，中轴线上有牌坊，穿过傅公祠中间的大门一路向北，便来到状元桥。状元桥在八角的石砌泮池之上，桥拱表石砌就。过桥需要蹬而行，寓意"步步登高"。

从状元桥漫步往前，便是一块奇石，镇园宝石——石道人。寓意傅山先生"其志弥坚，介然如石"的人品人格。一石一桥下之水，衬托出傅山先生的铮铮硬骨与浩然之正气的民族气节。

奇石背后是洞庭院，仿道教建筑形式，面阔五间，旁配两个小窑洞为门，在内展示着傅山先生的生平事迹及其学术方面的成就。喻示傅山先生隐居洞穴钻研学问，不为外界所动，心忧天下苍生的博大胸怀。

从洞庭院旁边的楼梯拾阶而上，就到了大殿真山堂，真山堂40

米宽，19 米深，总计 1370 平方米，是中华傅山园的主体建筑，傅山先生雕像就安排在真山堂的正中央，雕像高 4 米，重 17 吨，为纪念傅山先生诞辰 400 周年时创作。

园区左边是医药院，拳武院，艺术院，佛学院，学社院。右边是膳食院，书画院，儒学院，农耕院。形成九院一阁，九五之尊之寓意。

中华傅山园于 2006 年 8 月 28 日开工兴建，占地 70 公顷，总建筑面积 4.5 万平方米，一期工程占地 7.3 公顷，建筑面积为 36000 平方米。计划 5 年建成。中华傅山园将成为与晋祠和青龙古镇并列的太原市建设文化名城的三大品牌之一，并成为晋阳文化和太原特色文化名城建设的重要展示窗口。

中华傅山园从 2007 年开园以来，获得了市委宣传部授予的 2007 年全市宣传思想文化工作"特别贡献奖"；中国文艺家联合会、中国艺术之乡评审委员会命名为"中国傅山文化研究基地""中国傅山文化之乡"；被太原市委、市政府命名为"爱国主义教育基地""太原市特色文化名园""太原市对外宣传基地""太原市摄影家基地""太原市文化大院"；成为"山西省中医药宣传教育基地"，2010 年被确定为太原市旅游"一卡通""四省八市一证游"的景点景区，2012 年列入山西省一日游景区，园区被评为国家 3A 级旅游景区，同时获得"太原市优秀旅游景区"的称号，傅山养生健身术——八珍汤列入国家级非物质文化遗产名录，傅山拳法列入山西省非物质文化遗产名录。

第三节　中华傅山园的开发与利用

一　规划创新

"为了让我们的未来更美好，实现真正的可持续发展，不仅仅是在后期的执行上做文章，而是要寻找一个好的方案，从设计开始，创造一个可持续发展的商业模式。"这是《商业生态学：可持续发展的宣言》中的一段话，而这句话恰恰也足以说明一个前期就准备充足良好的方案对于后期执行及其未来的可持续发展和保护的重要意义。保罗·霍肯是在生态资源的角度发出了这样的感慨，而文化遗产作为环境资源的一部分，在它的保护上，更是体现着其可持续发展之义。

经济学中的"经济理性主义假设"让我们看待每个个体都从其逐利性出发，我们不能把对于文化遗产保护的希望寄托于人们的良知或是社会道德标准上。只有在保护的同时，使参与其中的利益体有利可图，才能够成为一个能够长久存在并造福长久的工程。这是从前的文化遗产保护之中许多工程没有注意到的，而这也正是中华傅山园的规划高明所在。

中华傅山园的规划要求严格地按照非物质文化的保护的要求，进行原真性保护。同时，为了解决建设的资金问题，又需要进行种种营利性的设计，但其又不能造成对于文化遗产文化内涵的误读和破坏。

中华傅山园的规划设计有一个鲜明的特点，是许多国际先进的文化遗产理念的运用和创新的展示方式的结合。在中华傅山园的定位上，它首先是文化遗产的存在，所以它的原真性原则是不可能破坏的，同时，中华傅山园将执行太原市广场公园的职能。这里将广植绿树，使之成为一块新的城市绿地，免费向市民开放。优雅的环境和怀古的气氛，将吸引城市更多人到此休闲娱乐。

中华傅山园的规划设计有另一个鲜明的特点，就是挖掘"傅山"的思想文化精髓，傅山之所以为世人所敬仰，在于其民族气节，其书法、医学、武术等方面皆有其独到之处。在规划设计上以傅山"文化"为载体，从不同角度对"傅山园"的历史文化遗产、自然人文资源、民间传统艺术进行了一次全面、系统的整理和盘点，充分挖掘其中蕴藏的文化内涵和经济价值，突出文化产业的开发。在养生保健上，以"傅山养生健身术——八珍汤"被列入第二批国家级非物质文化遗产名录为载体进行开发，在强身健体上以傅山拳法为依托进行开发。傅青主女科、傅山传说故事、傅山拳法列入第一批、第二批省级非物质文化遗产名录，使我们对中华傅山园开发有了重要的载体，使中华傅山园不仅成为市民了解、认识、传承傅山文化的场所，而且在此基础上，把中华傅山园建成一个现代化、高标准的集文化研究、艺术鉴赏、养生健体、医疗保健、旅游休闲等多种功能于一体的文化园区。

当然，仅仅靠门票的价格和周边的租金收入是远不能满足中华傅山园建设资金的，按照规划，由管理委员会建造中华傅山园，通过改善环境，发展旅游来带动周边的人气和商机，进而转让周边地区的土地使用权，提升地价用以养护中华傅山园。这种构思希望在不给政府巨大财政支出压力的情况下，通过发挥自身特色谋求发展。在此规划里，中华傅山园和周边将被打造成太原新兴文化园区，集旅游休闲文化教育于一体的多重发展格局。以保护改造和展示三晋民俗文化为特色，建设集文化、旅游、商贸、居住、休闲服务为一体的、具有国际水准的城市新区。中华傅山园将成为与晋祠和青龙古镇并列的太原市建设文化名城的三大品牌之一，并成为晋阳文化和太原特色文化名城建设的重要展示窗口。

根据规划预期，中华傅山园的开发将给城北地区带来巨大的转变，在空间形态上形成"一条主街、三大系列、九个园区"。傅山园建成后，将整合药膳、生态、民俗、历史、文化等多种资源，使之与周边分散的上兰列石寒泉、窦大夫祠、土堂怪柏、大佛寺、崛围山多福寺等分散多处的景点连接成片，形成集聚效应，重现太原外八景的风采，形成北线旅游带。

太原北线旅游有着极为优越的地理、人文优势。除"天门积雪""土堂神柏""崛围山红叶""列石寒泉"等著名的古晋阳外八景外还有崛围山多福寺、窦大夫祠、土堂大佛寺等国家级文物保护单位，这些地方依山傍水，自然环境优美，至今留有傅山先生生活和活动的遗迹。正在建设中的市政府重点项目"上兰生态文化新区"以二龙山与窦大夫祠、中北大学、汾河出峡口的老龙头公园为中心，西连带崛围山景区、囊括汾河二库景区；东与中华傅山园相接，向天门关、髦仁寺景区拓展。将这些景区进行总体规划，连片开发，挖掘其中的人文内涵，改善周边环境和基础设施，恢复汾河出峡口的山水景观，这里将成为太原市最为可观的生态文化旅游区。

这一系列巧妙的规划，充分利用了中华傅山园的文化价值和对周边经济的带动作用。对于文化遗产价值的认识，不能仅仅停留在旅游的作用上，而且要延展周边的产业链，通过品牌的带动作用，对周边地区建设进行运营。在原本仅限于旅游业、餐饮业和住宿的带动作用的基础上，扩展到更加多元的商贸、商务和房产上，从而使得文化遗产的正外部效用得到更好的利用和开发。这无疑是一个更为广阔的视野和更新的视角。

二　融资创新

种种规划的实现，都有赖于资金的保证。中华傅山园筹资之路并不是原来我国文化遗产保护所走的老路子，而是一条更有效、更多元的新道路。

在对中华傅山园的开发上，该项目通过拓宽资金渠道，多方合作，借助社会力量实现我国的文化遗产开发和保护的目标。在中华傅山园这一项目上，2005 年，由太原市向阳镇、西村村委会、太原市金龙城建总公司三方合作成立太原傅山文化产业开发苑，由太原市金龙城建总公司全权负责项目建设。实现了社会化融资，企业化经营管理，权责利明确，加快了项目的建设进程。

此外，在中华傅山园项目整体规划上，还采用了新型融资模式。目前国际上流行的项目融资模式主要有 BOT、TOT、PPP 等。所谓 PPP（Private－Public－Partnership），是指政府部门通过政府采购形式，与中标单位组成的特殊目的项目公司签订特许权协议，由该项目公司负责筹资、建设与经营。政府通常与提供贷款的金融机构达成一个直接协议，该协议不是对项目进行担保，而是政府向借贷机构做出的承诺，将按照政府与项目公司签订的合同支付有关费用。这个协议使项目公司能比较顺利地获得金融机构的贷款。采取这种融资形式的实质是，政府通过给予民营企业长期的特许经营权和收益权来换取基础设施加快建设及有效运营。

当然仅仅靠以上方面资金，要想完成整个庞大的工程还是远远不够的，因此项目建设方计划先将中华傅山园一期建设完成后，把周边的土地转让出去，与合作伙伴共同开发，将这部分资金再投入工程的其他项目的建设中去。项目方希望这一途径成为资金的主要来源途径，实现中华傅山园项目的盈利，这也就是所谓的"中华傅山园模式"。太原市政府有关部门十分认可中华傅山园的经营模式以及成果，并对此项工程拥有极大的热情与信心。在我们对中华傅山园周边的群众的访谈之中，群众也是比较赞同"中华傅山园"运营的，认为这不失为是保护和开发文化遗产的好方法。

三 管理创新

有规划，有资金，还需要管理部门的良好执行。在这方面，中华傅山园建设的具体运作方，也进行了管理创新。

在对外宣传中，傅山园是由太原市向阳镇、西村村委会、太原市金龙城建总公司三方合作进行的。而实际上，区、镇主要负责的就是对于中华傅山园保护情况的监督和规划参与，而中华傅山园保护改造项目主要的执行机构是太原傅山文化产业开发苑，由太原市金龙城建总公司全权负责项目建设，两者属于合作对象之间的关系，与我国传统的行政管理结构相比较，其执行部门更明确化。太原傅山文化产业开发苑的存在，在一个地区小范围内实现了对于文化遗产管理的各个部门的整合，并且由于其权责明确，使得效率有所提高。

太原傅山文化产业开发苑是中华傅山园项目建设执行者，主要由"决策机构——市领导牵头的领导小组"，"执行机构——太原傅山文化产业开发苑"和"商业运作实体——太原市金龙城建总公司"组成。这实际上是一套人马，两套班子。在进行政府职能的执行时，由领导小组出面，而在进行市场操作时，则由太原傅山文化产业开发苑进行。

这是一个政府引导，通过市场运作的模式，政府是决策机构，但是整个招商、运作、建设的过程是由政府为中华傅山园投资并成立太原傅山文化产业开发苑，以一家公司的身份出现在以后的运作过程中，把中华傅山园的发展交由市场来处理。

太原傅山文化产业开发苑的人员说，这样的一种结构，能够使得运作更加灵活，从前无法实现的种种融资或是合作方式都能够得到最大限度的开发，比方说有限公司可以和有意投资的项目进行股权融资或是成立新的项目公司等。这种方式引发了我们的悬疑：作为一个市场主体，其首要的特性应该是逐利，那当自己的利益需求和整个社会的利益发生冲突时，又将采取怎样的行动呢？或是这样的商业运作是否会对文化遗产的保护效果产生不利的影响？对此说法，留待进一步观察加以验证。

四 中华傅山园利益主体状况分析

中华傅山园的建设，牵涉的利益主体众多：从政府，到项目的投资商，再到项目区的居民们，而以上所有的利益主体，都有着自己个体的福祉——这些个体的福祉是不完全相互兼容的，有时甚至是存在较大的利益冲突的。因此，社会福祉和个体福祉的关系也就成为我们所关注的一个焦点。那么，项目的建设对于他们的福利究竟造成了怎样的影响？是否真正实现了文化遗产保护和城市改造，人民生活水平提高的多赢呢？为此，我们用福祉经济学理论进行了分析论证。

福祉经济学是判断社会福祉在一种经济状态下比另一种经济状态喜爱更高或者更低的学说，既可以用之进行规范性解释，也可以进行实证性分析。在通常的情况下，社会的福祉被认为是个人福祉的某种函数。作为意在使文化遗产得到保护的同时促进经济的发展和改善周边环境的中华傅山园项目，其所带来的福祉更多的是社会的。我们希望通过对各个利益主体的行为动机与结果的分析，对利益相关方的影响做一客观的反映。

（一）政府方

作为决策方，政府无疑扮演着第一位的角色。无可否认，中华傅山园的建成，将给太原文化建设添上浓墨重彩的一笔，从另一个角度而言，这也是政府参与此项工程的重要动机——对于推动这一重要项目本身而言，这未尝不是一件好事情。

政府作为一个行政组织，与其他经济组织相比有两大显著的特征：一是政府对全体社会成员具有普遍性；二是政府具有其他经济组织不具备的强制力。中华傅山园的规划之始，政府的这两个特征就体现得淋漓尽致。特别是在征地、拆迁补偿等影响广的工作上，难以想象不具备对群众有普遍影响力以及强制力的政府，将如何处理这一问题。而关于正在进行的，通过提升项目周边地价来吸引更多的投资和购买，并获取文化遗产保护资金的这一模式。是以政府手中所掌握着的土地为筹码——可以说，离开了政府这一特殊的组织，中华傅山园项目将无法运营，而文化遗产保护的资金缺口，亦至少是在短期之内无法得到填补。

这得益于自身具有的这两个特征，政府得以采取如下的项目运营模式：太原傅山文化产业开发苑是中华傅山园项目建设执行者，主要由"决策机构——市区领导牵头的领导小组"，"执行机构——太原傅山文化产业开发苑"和"商业运作实体——太原市金龙城建总公司"组成。在进行政府职能的执行时，由领导小组出面，而在进行市场操作时，则由太原傅山文化产业开发苑进行。这样的组织架构，保证了政府的支持和上层意见的统一性，而太原傅山文化产业开发苑是为了帮助中华傅山园建设及其周边环境改造募集资金，融通资产而存在的一个市场实体，有着充分的实力和市场运作能力。

据悉，中华傅山园建设以展示三晋文化为特色，建设集文化、旅游、商贸、居住、休闲服务为一体具有中国特色的城市文化新区为目标，实现历史与现代、经济与社会、文物保护与城市建设的和谐共融，协调发展，促进文化旅游产业大发展，在实现区域科学发展、创新发展和和谐发展等方面起到极大的推动作用。总体看来，这一项目在增进社会福祉方面起着重要的作用。

（二）民众方

福祉经济学中有这样的一个观点或论断：某个人的效用函数不仅仅取决于他自己所能够控制的变量，而且取决于由别人控制的某些变量，而后一种是无法通过市场交易来解决的，于是外部性就随之而产生了。

在我们的调查之中，我们了解到中华傅山园建设至少是在以下的几个方面给当地的民众们带来了正的外部性：改善城北地区的交通、居住条件、基础设施状况等，提升人居环境的质量；吸引投资，拉动周边经济增长，提高当地居民的生活水平；增加绿化带面积，改善生态环境。

除此之外，动迁决定是由政府做出的，政府一旦出台了相关的政策，民众们通常就会认为这一决定是不可避免的必须执行的而予以接受，这样，至少在他们的心理上所遭受的福祉损失就很少。事实上，我们在调查之中也获得这样的信息：目前当地的居民普遍收入不高，他们希望能够改变自己的生活；但他们对文化遗产保护工作抱着支持的态度，对文化遗产保护工作也抱着支持的态度，大多数人能够理解他们是在为保护文化遗产而让出土地，民众的配合度还是比较高的。

（三）房地产商方

对中华傅山园项目进行投资的企业大多来自房产业。这与政府的经营理念以及引导作用（利用中华傅山园的建成带动周边地产的升值）是分不开的。而事实上，中华傅山园的修建也确实极大地推动了城北地价的上涨，而项目建成以后成为新的旅游增长点，又将极大促进地产业的发展。旅游业一般以 7 左右的乘数，带动相关的产业的发展。这也是房地产竞相投资的最主要动机。由此来看，房产商是这一"中华傅山园模式"运营的受益者。

中华傅山园于 2007 年正式向游客开放，通过搜集园区周边的房地产市场交易案例，进行纵向比较，以反映 2007 年至今该区域的房地产市场状况（表 1）及 2016 年中华傅山园及周边房地产市场交易案例，进行横向比较（表 2）。

表1　　　　中华傅山园区周边住宅小区房地产市场变化情况表

序号	小区名称	建筑面积（m²）	层次	建成年份	房地产单价（元/m²）			年均增长率
					2007年	2013年	2016年	
1	中北大学住宅楼	90	2/5	2001年	1600	3750	4250	11.47%
2	迎新街北二巷34号	90	2/6	2002年	2100	4900	5500	11.29%
3	二电厂小区	90	2/6	2002年	1500	3000	3500	9.87%

注：为了能够较为客观、合理地反映园区所在区域的房地产市场状况，笔者重点搜集了该区域产权手续较完整、与园区距离相对较为接近且建筑面积及建筑层次等实物状况均较为类似的案例进行对比分析。

随着社会经济的发展及人们生活水平的不断提高，该区域的房地产市场价格也呈逐年增长趋势，数据显示，2007—2016年，园区周边的房地产价格年均增长率均在10%附近波动（中北大学及迎新街北二巷34号住宅楼年均增长率均达到11%，二电厂小区年均增长率也达到了9.87%），其中：2007—2013年，房地产价格增长较快，2013—2016年，房地产价格变化相对较缓，详见房地产市场变化情况图。

房地产市场变化情况图

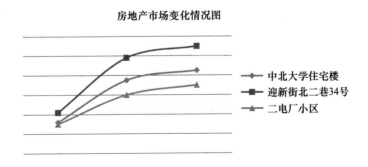

表2　　中华傅山园区及周边住宅小区房地产市场状况统计表

序号	小区名称	建筑面积（m²）	所在层次/总层数	建成年份（年）	房地产单价（元/m²）	备注
1	西村的小产权房	150	1～2/2	2011	6600	调查对象为地上2层，1—2层建筑面积均为75平方米，室内精装修，带有地下室及阁楼（地下室面积约75平方米，阁楼面积约30平方米），此外还带有约30平方米的小院。
2	兰馨花园	100	9/18	2012	3800	现房，尚未装修。
3	中北大学住宅楼	90	2/5	2001	4250	室内普通装修，带有地下室。

　　注：由于迎新街北二巷34号及二电厂小区距离中华傅山园较远，故横向比较中主要选取了距离相对较近的几个市场案例，其实物状况及价格等均为笔者通过走访调查所得。

　　经过实地调查，笔者就中华傅山园及周边房地产市场案例的特点及优劣情况进行对比，分析如下：

　　1. 西村的小产权房，建筑风格为新中式合院，建筑规划整齐，绿化率较高，自然及人文环境较好，但区域内基础配套设施尚不完善、市政供暖及供气管道等尚未通达，公共交通便捷度一般，学校、医院等公共配套也有待完善。

　　2. 兰馨花园，为高层住宅小区，建筑规划整齐，绿化率较高，距离中华傅山园约500米，其公共交通便捷度一般，基础配套及公共配套设施等有待进一步完善。

　　3. 中北大学住宅楼，位于中北大学校园北侧，距离中华傅山园约2.5公里，整体建筑及规划较为整齐，自然及人文环境较好，配套设施也相对较为完善，公共交通便捷度一般。

中华傅山园  西村小产权房

兰馨花园  中北大学住宅楼

五 中华傅山园的辐射影响力分析

中华傅山园不仅承担了城市公园广场的功能,同时也是一个现代化、高标准的集文化研究、艺术鉴赏、养生健体、医疗保健、旅游休闲等多种功能于一体的文化园区。

园区的建设采用创新融资和开发方式,由政府组织和牵头,房地产企业进行投资和开发建设,利用中华傅山园的建成带动周边房地产的升值,其对周边西村住宅以及兰馨花园等住宅小区都有一定的辐射带动效应。从目前来看,园区的建设不仅开发了中华傅山园的文化价值,同时也使得该区域的自然环境及人文环境均有了较大的改善和提升,新建住宅小区以及傅山文化商业街的投资和建设也直接推动了城北地价的上涨,促进了该区域房地产业的发展。

与此同时,随着中华傅山园所在区域城市基础配套设施以及公共配套设施的逐步完善、园区知名度的扩大以及客流量的增加,其辐射影响力也将进一步得到提升，并促进该区域旅游业、住宿餐饮业、贸易业以及房地产业等相关产业的发展。

综上所述，本次工程涉及的利益主体基本上是正的收益，在和周边区域的平衡发展和照顾主体利益上，中华傅山园项目取得了良好的预期效应。

六　对于非物质文化项目经济分析

文化遗址类旅游项目对国民经济的贡献，主要表现在项目产生和带来的经济效益、社会效益和环境效益三个方面，其中的环境效益和社会效益是难以用货币量化的。通过采用国际上对公益性项目评价常用的效益－费用评价法，解决了效益难以用货币量化的矛盾，并从经济效果和社会效益两方面进行定性分析。

（一）效益费用比

效益费用比是指站在项目立场上，项目所能获得的效益与付出成本费用的比值。如果项目的效益费用比大于 1，则认为项目可行。从《中华傅山园保护和周边开发项目的可行性研究报告》中，可知此项目的效益费用比为 1：11，满足要求。

（二）经济效果分析

对于此类非物质文化遗址旅游项目来说，经济效果主要表现在项目的建设能够吸引多少入境游客来旅游，从而影响经济收入的增减。太原是中国历史文化名城，正缘于此，中外游客不远千里被吸引到这里来。三晋文化及其各类遗址是太原市旅游业发展的坚实基础，而傅山园作为太原重要的文化园区，影响力和旅游价值极大。它的保护建设将会吸引更多国外游客来太原，而太原的入境游客占到整个山西省游客总量的 60% 以上。

中华傅山园建成后，将是太原市的又一标志性旅游场所，其地位与现在的晋祠不相上下，两者功能极为相似。采用横向对比法，按照现今太原晋祠年接待游客量占太原市总旅游人数比重，可大致预测中华傅山园建成后的接待游客量。由上可见，中华傅山园建成后，每年将会吸引大量入境游客，它不仅能产生直接财务效益，还会产生可观的经济效果。

（三）项目的社会效益分析

项目的社会效益分析主要表现在技术性外部效果和乘数效果两方面，具体表现在以下几方面：

1. 带动关联产业，促进地方经济发展

旅游业对经济的带动能力较强，一般旅游项目的乘数效应系数为 7 左右，即对旅游业进行 1 元的投入，将产生 7 元的综合经济效益。此类项目的建设有利于延长游人的停留时间，从而带动商业、服务业、金融、房地产、邮电等部门经济的发展。据专家测算，旅游收入每增长 1%，第三产业相应增长 0.86%；旅游收入每增加 1 元，第三产业产值相应增加 10.2 元。

中华傅山园不仅担负着城市公园的功能，更担负着傅山非物质文化遗产的推广、展示、培训和传承的重任。

目前园区医药院，占园区面积 500 平方米，内设医堂、药堂、药库。有医生现场坐诊，义诊。还有专业的药师坐堂，培训职业药师，为社会输送人才。药库主要是制作傅山系列产品，如傅山养生茶，傅山组方制剂。

拳武院，占园区约一亩地，内设拳法堂、剑法堂、功夫堂，主要传授傅山拳法、剑法，及中国功夫，内家拳和外家功夫，十八般兵器演练。每年傅山武学传承人，都开班传授傅册拳法，让傅山武学代代传承下去。

艺术院，占园区面积 500 平方米，内设文行堂，武行堂，唱腔堂，主要是演教现在人对中国传统戏曲的认识，唱法，培养戏曲表演者。也是小型文艺演出的舞台场所。也是传播傅山先生杂剧作品的舞台。以傅山故事为素材创排的《傅山进京》在全国巡演600多场。傅山先生自创的《红罗镜》《齐人乞食》《八仙庆寿》等剧目还在筹排过程中。

佛学院，也称观音阁。现有观音像和佛家用品，供香客礼佛。

学社院，用以研究挖掘傅山文化的根脉，收集整理傅山文化资料，定期举行学术研讨和专题讲座。

膳食院，占园区面积500平方米，院北面是膳食讲堂；南面是营养讲堂；这里既是培训傅山膳食文化的大学堂，同时也是培训营养师，会议接待场所和学员餐厅。

哲理院，占园区面积500平方米，院北面是易道堂，研究中国传统道文化，易经文化；院南面是人文学堂，学习和研究世界哲学的场所。这里是国学堂，传播中华传统文化，研究傅山思想学术的地方。

书画院，占园区一亩地，设有书法堂、绘画堂、名人字画堂，主要功能是培养青少年的书画水平，举办大型书画展，为社会书法爱好者提供一个交流平台，弘扬和传承傅山书画艺术。

儒学院，将儒释道各种传统文化诠释于一体，全面传承中华传统文化，弘扬民族传统文化的基地，销售儒家书籍、资料等。

农耕院，展现传统农耕文化，耕作方法，生活过程，时令节气及农作物种植、收成、储藏等农耕文化知识。

九个院建成后，将会带动相关的产业，为社会培养各种所需人才，弘扬傅山传统文化，搭建起傅山文化生存空间和发展空间，展现傅山文化的活态传承，傅山医药、膳食、书画、拳术、傅山系列产品等都将呈现到我们面前。以中华傅山园为载体，传统文化得以传承发展，游客亲临园区，可将傅山系列产品作为访亲问友的礼品购买回家，也可喝一碗热气腾腾的现做"头脑"，了解八珍汤的孝母故事，在中华傅山园区通过祭拜傅山，观摩傅山书画、诗词，领略傅山的强悍不屈的生命张力和艺术精神，走进傅山的精神世界，去进一步认识中国的历史文化。

2. 对城市影响力的提升

项目建设具有提升整个城市影响力的功能。傅山先生作为传统文化的优秀代表，其历史地位和价值是不言而喻的。中华傅山园工程完成后，将成为太原传承历史文化的重要场所。傅山先生是太原独树一帜的一位历史文化名人，他不但在诗文书画方面而且在哲学思想上也有着同时代人所不可企及的高度。傅山先生是凝聚人心，提升太原形象不可多得的名人品牌。

充分发挥中华傅山园对精神文明和物质文明的建设作用，将以其自身历史价值吸引八方来客，推动经济发展，为太原增添城市魅力。提升太原市文化软实力，增强太原市吸引力，提高太原市人民思想道德素质和科学文化素质，促进爱国主义教育和人的全面发展。提高太原市的国际影响力，增强太原市人民的爱国热情和民族自豪感，为建设文化强省提供强大精神力量。

3. 再现非物质文化遗产历史价值，促进文物保护方式从被动向主动转变

正确处理文化遗产保护与经济发展的关系，既要保护，又要发展。牢固树立保护优先的理念，在保护的基础上再对文化遗产进行适度开发，挖掘其文化价值和经济利益。遗址保护将再现其历史渊源和文化内涵，展示它的历史地位和作用，展示曾发生的重大历史事件；另外，经过保护性开发，能够为文物保护提供大量的资金来源，改变文物保护资金单纯依赖国家财政拨款的现状，从而促进文物保护方式从被动向主动转变，为人文旅游资源综合开发提供新的借鉴。

（四）项目的环境效益分析

此类文化旅游项目，由于国家严厉禁止在其上进行开发利用，

因此一般整体环境比较差，随着中华傅山园建设工程实施，周边市政管网将全部进行改造，道路也将拓宽，从根本上改变这一区域基础设施落后面貌，并有大面积绿化，整个园区，共栽植松柏树木三百余株，银杏树二百株，杨树五百余株，各类花草三千多平方米，并且种植了一千平方米的绿色养生产品，栽植绿化小苗近一千平方米并安装了简易的微喷设备；在佛祖阁两侧建成一百平方米的大棚花房，并且利用社会力量，开展了多种形式的绿化项目。对于保持水土，净化空气，调节气候，减少噪声，增加鸟类栖息地等起到积极作用。综上所述，中华傅山园不仅成为太原市的又一绿地公园，而且保护了太原市人们的水源安全，成为太原市经济发展一个新的增长点。

七 透过中华傅山园看国内非物质文化遗产保护和利用

（一）非物质文化遗产的开发保护需积极谋求外援

我国的历史文化遗产并不仅仅属于本国和本民族，也属于全人类，保护好我国的文化遗产也是全世界共同的责任和心愿。目前在世界范围内开展文化遗产保护是国际上文化遗产保护的一大趋势。联合国教科文组织通过《保护世界文化和自然遗产公约》中的有关规定成立了"世界遗产基金会"，为世界各地濒危文化遗产提供资金、技术等支持，及时拯救了大批珍贵的遗产。联合国开发计划署、世界银行、亚洲发展银行等多家机构近年来也积极地在为保护各国文化遗产提供资金支持。此外，一些发达国家也纷纷慷慨解囊支援别国的文化遗产保护项目。

在中华傅山园的案例中，我们看到了政府，多个社会组织的积极参与，保护项目所采用合作方式必将对我国其他非物质文化项目提供有益的借鉴，从而一定程度改变我国非物质文化遗产保护资金来源单一的现状，也使越来越多的社会团体及各界人士意识到文化遗产的重要性，为我国文化遗产保护多元化提供契机。

（二）完善相关法律法规刻不容缓

在前期的资料整合和对中华傅山园的整体调研过程中，我们发现国内对于文化遗产的保护法律还很不完善，甚至很多只是作为红头文件的批示，同时在规章制度上对于破坏文化遗产的惩罚也没有明显的规定，这就在立法上存在着侵害文化遗产的漏洞。在法律规制上，文化遗产处于十分弱势的地位，而在欧洲一些国家及其日本，对于文化遗产的保护都有着十分完善的立法。也正是法律的保障使得这些国家的文化遗产保护常态化规范化，为此，我国应进一步强化这方面的立法工作及其强化执行。

（三）争取资金方式的多元化

资金问题一直是文化遗产保护中无法回避和至关重要的一环。而我国在文化遗产保护的财政投入上较为紧张，主要是政府支出。正因为政府支出的不足，很多文化遗产由于没有足够的经费维护出现了不同程度的损坏，失去本来的面貌，令人叹惜。一方面政府应加大对文化遗产保护的财政投入力度，年初制定财政预算时，将文化遗产保护列为重要一项。设定文化遗产保护专项资金，专门用于文化遗产保护工作。另一方面政府要加强对文化遗产保护专项资金的使用监督工作，确保专款专用。另外政府应拓宽资金来源，让更多的市场主体参与到文化遗产的保护中去，引用社会资本（PPP）的方式，鼓励民营资本参与运营，利用更多的经济刺激手段进行激励，如对相关保护单位的税收减免，保护文化遗产的企业可从中分享利益，实现双赢。

（四）改变孤立静止的保护方式

中华傅山园建成后的运行，我们发现作为太原市非物质文化最大的品牌，却仍然使用的是孤立静止的保护方法，单纯通过园区的开放来收取门票，除了周边的旅游观光纪念品专卖和小餐馆，基本上依然没有形成一个完整的文化产业链，后期九个园区的建设正在完善，目前只有傅山八珍汤即头脑在园区膳食院正式对外营业，医药院、拳武院等还在建设完善中。这对于其资源价值来说不能不说是一种浪费。怎样在观念上改变，在设计上创新，改变原有单一的保护利用方法，这是中华傅山园对我们的重要启示。

（五）政府定位及其角色转型刻不容缓

中华傅山园这一项目的开发中政府角色已经有了一定程度的改变。中国许多地区都是把旅游资源作为私有，交由政府自己进行风景区开发。而这次 PPP 模式的成功使用，也是政府角色转变的一个信号。而其收效也显示，适当放开手脚，对于长远发展是有利的。

但是我们不能回避在中华傅山园案例中依然存在着政府角色多样，既是裁判员又是运动员的状况，中华傅山园是否会随着自己长期发展逐步壮大，开始形成自己的部门利益，这是必须关注的问题，而全国范围的政府角色转型，也是刻不容缓。

第七章　中华傅山园傅山文化的开发与利用

第一节　傅山其人

傅山（1607—1684），初名鼎臣，改名山；原字青竹，改为青主，别号石头、石道人、石道先生、石老人、石道翁、老石、石黄冠、侨黄、松侨、侨黄老子、侨黄老人、侨黄真山、侨山、大笑下士、闻道下士、龙池闻道下士、蔷庐子、观化翁、寓道人、青竹道士、真山、傅子、傅道人、傅道士、西北之西北老人、五峰道人、龙池道人、旧仙翁、崖翁等别号、别署。这些不同的别号、别署，充分反映出傅山先生在不同时期，不同的情感。他生逢国破家亡，以布衣而忧国忧民，以天下为己任，以古代爱国思想家为榜样，自强不息、高风亮节、坚忍不拔，继承了中华民族千百年来的爱国主义传统。

一　傅山修身

"修身"辞海解释为努力提高自己的品德修养。《礼记·大学》："欲齐其家者，先修其身。"《宋书·符瑞志上》："帝禹有夏氏，母曰修己，出行见流星贯昴于石纽。"《左传·闵公二年》："修己而不责人，则免于难。"《论语宪问》："修己以安百姓。"

傅山一生甘愿清贫，甘为隐士，不入仕途，甘为良医，潜心钻研，传承文化。他通晓经史，精通百家，钻研医道，而且在语言、古文字、音韵、兼诗、书、画、印并对医学、膳食都有很深的造诣。傅山一生是受人尊敬的一生，处处高节清风、坚忍不拔、志在济世，心怀苍生、淡泊名利、博览群书，广学博采，反对墨守成规，倡导实践出真知。读万卷书，行万里路。

（一）家学渊源

傅山的先祖，自六世祖傅天锡以来，世代以教学为业，诗文传家，虽有《论语·子张》："子夏曰：'仕而优则学，学而优则仕。'"但更主要的是学做人。傅家重视对《汉书》《左传》等古典著作的研究，傅天锡以《春秋》取得功名，他的后代都在研究《左传》，傅山曾说，此书是治学为人的必读书。

傅山先祖傅朝宣要求后人不与权贵结婚，注重自尊，反对人身依附。傅山祖父傅霖做官时提出："公生明，廉生威。"傅山的父亲傅之谟自号离垢居士，傅山三岁时，就可诵读《心经》的词句。其父常服黄精，修炼道教的养生道术，这为其以后走上以医药济世之途有直接的影响。

傅山从小受严格的传统教育，正如他自己说："我十五岁时，家塾严书程，眼界局小院，焉能出门庭。"傅山七岁读四书五经，八岁学习三国时著名书法家钟元常之字，十五岁成一个补博士第子员，俗称秀才，二十岁试高等补廪（一等秀才）。

明末中国处于小冰河时期，旱灾、蝗灾、水灾、瘟疫持续不断，赋税和徭役严重，社会动荡不安，阶级矛盾不断日益尖锐。以陕西为中心的全国农民起义此起彼伏，在当时社会的影响下，傅山写道："念我弱冠年，命艺少旧袭，塾题试致身，满膺河山疾。"他认为"举业不足习"，从此，他把读书的重心放在十三经、史书、诸子书和诗文著作，佛经道藏及医学著作等方面。

（二）治学态度

傅山治学的精神，可以概括为四点：专精、博综、辨析、创新。"专精"和"博综"，专即专注专心；博，即博闻博识。二者看似矛盾，实则互为基础。以专为主，以博为辅，才能达到博大精深的境界。他主张读书："读之既久，自得悟入，别生机轴，""以至拙达至巧，融众家成一家。"不能照搬照抄，应注重实功、强调致用的思想。

傅山在《训子侄》中说，除经书外，《史记》《汉书》《战国策》《国语》《左传》《管子》"骚""赋"皆须细读，"颠倒数十百过"。其余任其性之喜者，略之而已。

"辨析"和"创新"，辨析就是辨别，分析。创新就是更新、创造、改变。傅山教人勤读书，却反对"死读书，读死书"。在《霜红龛集》卷二十五记载："一双空灵眼睛，不唯不许今人瞒过，并不许古人瞒过。看古人行事，有全是底，有全非底；至十百是中之一非，十百非中之一是，了然于前，我取其是而去其非。其中更有执拗之君子，恶其人，即其人之是，亦硬指为非；喜顺承之君子，爱其人，即其人之非，亦私泥为是。千变万状，不胜辨别。"《霜红龛集》卷三十六记载："若奴人，不曾究得人心空灵法界，单单靠定前人一半句注脚，说我是有本之学，正是咬人脚后跟底货，大是死狗扶不上墙也。"傅山认为读书要有辨析的能力，吸收有益有用的东西，独立思考，勇于创新，学以致用。

其一生以骨气胜，一生重气节，以圣贤自命。傅山书法被时人尊为"清初第一写家"。字如其人，刚正不阿，坦荡、率直和质朴，反对墨守成规，自成一体，独特创新。其书法"时人宝贵，得片纸争相购"。"一字千金"。正如其做人原则："宁拙毋巧，宁丑毋媚，宁支离毋轻滑，宁真率毋安排。"顾炎武对傅山的评价："萧然物外，自得天机，吾不如傅青主。"

傅山在《家训》中有十六字格言：静、淡、远、藏、忍、乐、默、谦、重、审、勤、俭、宽、安、蜕、归，这是傅山留给子孙后代珍贵的学习和修身的方法。

静：不可轻举妄动，此全为读书地，街门不辄出。

淡：削除世外利欲。

远：去人远无匪人之比。此有二义，又要往远里看，对近字求之。

藏：一切小慧，不可卖弄。

忍：眷属小嫌，外来侮御，读孟子三自反章自解。

乐：此字难讲，如般乐饮酒，非类群嬉，岂可谓乐？此字只在闭门读书里面，读论语首章自见。

默：此字指要谨言。古人戒此多有成言矣。至于讦直恶口，排毁阴隐，不止自己不许犯之，即闻人言，掩耳急走。

谦：一切有而不居，与骄傲反。吾说《易》谦卦有之。

审：大而出处，小而应接，虑可知难。至日间言行，静夜自审，又是一义。前是求不失其可，后是又改革其非。

勤：读书勿怠。凡一义一字不知者，问人检籍，不可一且字放在胸中。

俭：一切饮食衣服，不饥不寒足矣。若有志，即饥寒在身，不得萌干求之意。

宽：为肚皮宽展为容受地。窄则自隘自蹙，损性致病。

安：只是对勉字看。勉岂不是好字，但不可强不能为能，不知为知，此病中者最多。

蜕：荀子如蜕之脱。君子学问，不时变化如蝉蜕壳，若得少自锢，岂能长进？

归：谓有所归宿，不至无所着落，即博后之约。

在论及古今之变时，傅山在《霜红龛集》卷三十七《杂记二》

中提出"昨日新，前日陈；昨日陈，今日新；此时新，转眼陈；大善知识，无陈无新"。鼓励博览群书，闻见宽博。在《十六字格言》中写道："君子学问，不时变化，如蝉蜕壳，若得小则自锢，岂能长进。"读书是傅山的一种嗜好，一种习惯，是他日常生活中的一部分，从少年至老年，他无日不在读书。即便在颠沛流离的日子里，傅山"实无处无时不读书"；即便在辗转流离的旅程中，他白天行医济世，晚间依然与儿子讲学论道。

他一生无时无刻不都在读书，所谓"宁可老作学生，不可少作学者"。学无止境，需不断地学习和创新，才能站在学术的前沿。《霜红龛集·杂著》中记载"故学可作食，使充于中。圣贤之泽，润益肺腑。自然世间滋味聊复度命，何足贪婪？几本残书，勤谨收拾在腹中，作济生糇粮，真不亏人也"。

《霜红龛集》卷十五记载，傅山向胡同请教医药的事件，"胡同研经穷史，隐于医。予老病，时时从问医药"。他携药箱云游各地，拜访师友，遇有名医，"时时从问方药"，吸取他人的经验，充实自己。他说："医犹兵也。古兵法阵图，无不当究，亦无不当变。运用之妙，在乎一心。妙于兵者，即妙于医也。"倡导医术是实践中经验的总结，而不是墨守成规。其将医术、成仙之术和自然界的运动结合起来，将人的寿命与医术及客观事物运动规律联系起来，形成自己的养生之道，成为一代著名的医学家，人称"仙医"和"神医"。

傅山认为，做学问不能只留在家里，应该到各种不同的环境，涉猎各种不同的思想文化，从多方面，多渠道的了解自然和社会实际，如行脚僧一般出外游历，向社会学习。傅山曾说"读三年方书，天下无可治之病；治三年病后，天下又无可读之方。此古人经历实在之言"。学习医学是如此，学习其他学问也是应向他人请教和切磋。学问犹如海纳百川之流，要博采诸家之精义，兼融众家之长，开拓创新，好学无家常。

汉代以来，儒学独尊。傅山开创清代研究先秦诸子的风气，山西博物馆存有其著作目录一纸，有关研究诸子者有：《庄子注》《老子注》《管子注》《公孙龙子注》《列子注》《荀子注》《墨子注》《鬼谷子注》等。他认为学问之道，非一家之私，乃散殊于诸子百家之中。主张会通诸家之说，以立一家之言，将诸子之书与儒家经典提到了平等的地位。

（三）民族气节

傅山认为"修身先当知耻"。他解释"廉耻"说："广下能兼自然廉，耻则耳上生心耳。"面对改朝换代，傅山写下："贫道初方外，兴亡着意拼。入山直是浅，孤径独能盘。却忆神仙术，无如君父关。留候自黄老，终始未忘韩。"意指自己加入道教的初心，并非成仙而是要做如韩国张良一样的人。

傅山厌恶权贵和奴性思想，写下："不拘甚事，只不要奴，奴了，随他巧妙刁钻，为狗为鼠而已。"傅山晚年声名鹊起，康熙非要请其入京封官，傅山装病却也未能阻挡进京的行程，皇帝亲自接见傅山，傅山说病卧床不起，随行只好将床榻一起抬至宫殿上，皇帝当场封官，他将头埋在被子里假装听不见，还有大臣见他不起来谢恩，就用力将被子掀翻要他跪下，他顺势倒地不起，康熙见其不为权势所动，也只好"恩准"其告老还乡。

傅山《霜红龛集》中《右玄赋生日用韵》诗："生时自是天朝闰，此闰伤心异国逢。一日偷生如逆旅，孤魂不召也朝宗。"诗中充满了傅山先生对故国的难忘之情。

傅眉在离世前，写下《临终口号》二则：

父子艰难六十年，天恩未报复何言？忽然支段浑无用，世报生生乌哺缘。

西方不往不生天，愿在吾翁双膝前。我若再来应有验，血经手泽定新鲜。

这两首诗，不仅让人凄凉而悲伤，浓浓的父子深情，更是对这一对父子虽然生活艰辛而忠于先朝的气节。

二　傅山齐家

"齐"辞海解释整齐；整治。《荀子·富国》："正法以齐官司。"杨倞注："齐，整也。"

习近平谈治国理政中提出：中国古代历来讲格物致和、诚意正心、修身齐家、治国平天下。从某种角度看，格物致和、诚心正意、修身是个人层面的要求，齐家是社会层面的要求，治国平天下是国家层面的要求。《礼记》说："欲治其国者，先齐其家；欲齐其家者，先修其身。"修身是齐家的先决条件，"齐家"的真正目的是"宜其家人"。"修身"做到以身作则，才能够作为一人表率，使家庭成员的关系相宜。齐家无论古今均指家庭内部相宜。百善孝为先，孝是齐家的根本。

"孝"《礼·祭统》云："孝，从爻从子。效也，子承爻也。善事父母也。顺於道，顺天之经；循於伦，循地之义。孝是人立身之本，是人类延续之本。傅山重孝道，认为孝是出于人子"真诚至性"，而不是为了盗取孝名。他在《霜红龛集》中说："人有父死，而哀毁庐墓，几至于灭性者，而孝之名归焉。邻遂有其母死，而亦效其哀毁，以几灭性，盖知孝之为美名，而惟恐不似其丧父之人，人亦群效之，如其丧父主人。及问其母，则其父之再娶，而即以其女妇。若续母而实妇之，母视其父如妇翁者也，不知其哀毁之何所能致也。故非其孝而孝之，孝丧世，世亦丧孝。……非其亲而亲之，曰礼也，非礼也。而不亲之，非礼也，礼也。"傅山认为孝是从人的自然本性出发的真诚的孝，而不是为了名的做作，即真忠真孝。提出养亲、尊亲是孝道的主要内容，亲情是孝道的基础。

《傅山全书》记载，傅山在 1654 年 10 月，"当此穷时，薄具米盐，关门幽巷，日夕承颜，馀暇读书，兼复小修药物，以备老人调补之需，门外龙争虎斗，驴舞猴翻，塞耳不闻，亦可为孝子矣"。傅山作为中华传统文化的传播者，孝文化无疑在他身上得以充分的体现。傅山说："天地之心也，即父母之心，即人子之于父母之心也。"孝道是中华民族的一种美德，孝道若畅顺，社会就呈现兴盛；孝道若缺失，社会就衰败。民间流传傅山"字不如诗，诗不如画，画不如医，医不如学，学不如人"。傅山在《祝榆关冯学师七十寿》中说："以一人言之，孝无始终；以世界言之，孝无古今。世界有变而孝无变。"

（一）祈药救父

傅山父亲傅之谟，字檀孟。在家乡做乡村教师。嵇曾筠在《明生员傅先生山传》中记载：父之谟病笃，朝夕稽颡于神，愿以身代，旬日父愈，人谓孝通神明。这记载傅山 18 岁的时候，其父患病伤寒，病情日渐严重，找遍方圆十里八乡的医生，也没治好其父的病。当时有人悄悄告诉傅山，传说南关文昌夫子庙非常灵异，有人在庙中求药应验。为了医治父亲，傅山让哥哥和弟弟在家服侍父亲，自己独自一人去南关文昌夫子庙求药。傅山在《祈药灵应记》中讲述了当时求药的经历。寺院主持对他说："子但倾水于杯，跪祝之，时时视杯中，若得黑药，病愈迟；得红药，愈速。""（山）于日中注水，水无纤尘，然后入殿，措杯神几，祷求之。移二刻，起视，则杯面浮黑星十许粒，如米脐。……又祝祷之，移刻起视，则行朱药三星，大小如前黑药，游浮杯面，如朱砂粒，光圆神彩，不可思议。……奔还，抵舍……老母兄弟惊喜无喻，即灌先居士口。见两药皆入，幸无撒失……及夜分醒时，前诸危症尽除，再不少作。自是日就平泰也。奇哉！"

（二）悉心奉母

傅山母亲陈氏，山西忻州人，生在官宦世家，书香门第，幼年时期就以孝道著称。17 岁和傅之谟结婚，卒后人们尊称其为贞髦君。中年丧夫，独自一人养育傅山兄弟三人，后来又遭遇丧失长子和长孙之悲痛。傅山在反清复明战斗期间，无论处境多么艰难，仍然将老母亲带在身边，而其母随儿子四处颠沛流离，却从没有过对儿子抛家弃业有半句抱怨。当傅山因"谋逆"入狱时，其母道："道人儿应有今日事，即死亦分，不必救他，若果相念，请救眉出狱，得延傅氏香火，足矣。"表现出了母亲对儿子事业的支持，对待生死的豁达和一种超脱俗人的境界。

傅山在狱中坚定不移，无所畏惧，绝食九日，毫无奴颜媚骨，唯放心不下家中老母，写下《讲游夏问孝二章》畅述了自己对孝道的领悟："山私痛山童时，数得怪异之症，惊忧吾亲不可胜道。迄今立身扬名者何在？而犹复令八十老亲当如此惊忧。即老母知义，山敢曰忧亲之忧乎。事有不得已，责有不得辞，情有不可道，人子之性之遇，亦在幸不幸哉！"为了替母亲祈福，傅山在狱中篆书《妙法莲华经普门品》，以求佛保佑母亲平安。

傅山母亲晚年身体不适，傅山便想方设法采用药补和食补的结合，调理母亲虚弱的身体。精心用黄芪、莲藕、肥羊肉、鲜姜、花椒、山药、黄酒糟、煨面、大葱、腌韭菜等配制了"八珍益母汤"，后来被太原人称为"头脑"。

羊肉生血补心，散发热能；煨面促消化；莲藕补脾固阳，养心益肾；长山药益肾脏，补脾胃；黄芪益脾虚，补气血；黄酒舒经活血；腌韭菜帮助消化，固精助阳。其汤鲜味美，香气浓厚，营养丰富，有理气、健胃、活血、补虚的功效。在傅山的精心照料下，母亲吃了一冬天的"头脑"，身体恢复，面色红润。从此，人们称其为"名医孝母剂"纷纷登门求此配方，他毫不吝啬，将配方制法传于民间。傅山母亲84岁卒于松庄侨舍，在服丧期间，傅山"卧占寝块，饮粥不茹疏者百日"，以此表达对母亲的孝心和思念之情。

母亲离世后，傅山让朋友魏一鳌代求当时的理学大师孙奇逢为母写一篇墓志铭，一年多后，傅山不远万里辗转来到河南省东夏峰村找到了理学家孙奇逢，孙奇逢很痛快地答应了，当即写下了《贞髦君墓志》。长歌当哭，以文显孝，为母送别。

（三）伉俪情深

傅山妻子生静君，山西忻州人，岳父张泮为明万历丙辰的进士，为人耿直，他的女儿自幼受家学熏陶，识文达理，是一位贤惠淑女。婚后与傅山举案齐眉，感情甚深。第二年他们的儿子出世，全家其乐融融，这是傅山一生中最美好的时光。仅仅五年后傅山妻子便因病早逝留下27岁的傅山和5岁的儿子傅眉。

傅山一生再未娶妻，用五十余年生命诠释了对妻子最真挚的爱，妻子生前亲手一针一线刺绣的《大士经》陪伴傅山一生一世。沧海难为水，巫山不是云，半缘修道半缘君，是傅山对妻子的爱意缱绻。

妻子死后，傅山留诗《见内子静君所绣大士经》"断爱十四年，一身颇潇洒。岂见绣陀罗，悲怀略牵惹。即使绣花鸟，木人情已寡。况为普门经，同作佛事者。佛恩亦何在？在尔早死也。留我唯一心，从母逃野。不然尔尚存，患难未能舍。人生爱妻真，爱亲往往假。焉知不分神，劳尔尽狗马。使我免此闲，偷生慈膝下。绀绵传清凉，菩萨德难写"。

年轻的傅山在妻子生病时尚不懂医术，没有能力去挽救妻子的生命，古代很多医家都是由于至亲之人因病而去，痛失挚爱后才发愿行医的，从傅山后来精于妇科，后世还有《傅青主女科》医书的传世，傅山也是如此，他把对妻子的爱转换成一种普世的大爱。傅山开创了妇科治疗理论，令后世妇女得以摆脱病痛之苦，实在是功德无量。

（四）视如己出

"庚辰夏，舍侄物故，余长日拥被坐，昏昏然不出门，亦不见客，中楚不时作。"描写了傅山侄儿年龄二十岁的傅襄因病去逝和他年龄仅十九岁的妻子殉情自尽后，傅山锥心刺骨般的疼痛。

第二年春天，傅山自己也感染上了瘟疫，几乎丧失性命，多亏哥哥傅庚精心照顾，傅山才活了下来，可自己的病刚好，他的哥哥却不幸染病，第二年春天去世。"日夜共老母哭泣，老母慰山，山慰老母，随复涕出，不能仰视，自此不敢出门，只怕见人家有兄弟偕同行者。"傅山伤心欲绝，把极度的悲痛倾注在诗作之中。

傅山哥哥傅庚去世，留下次子傅仁才5岁，傅山与母亲养育他长大成人，成家立业。傅山对侄儿如同己出，对其疼爱也超过儿子，傅仁从小受到良好的教育，"性俊快，读史册涉猎大义即明，""喜为书，才习公他先生真行，便得其形似，有长于作鲁公体，间为先生代作，外人莫能辨也。"傅仁临摹傅山先生的书法，能达到以假乱真的地步。不幸的是傅仁37岁病逝，这年傅山69岁，他写有《哭侄仁六首》"卅年风雨共，此侄比人亲"。

（五）父子情深

傅山唯一的儿子傅眉，他的身上寄托了傅山太多的抱负和希望，他是傅山事业和学术上的继承人，是傅山精神上最大的支撑和安慰。

傅山对儿子要求十分严格，熟读兵书，擅骑射、长剑，能文能武，可谓文武全才。傅眉的功夫，不仅来源于傅山的亲授，还曾在汾州古寺拜曾为军中大将后隐迹为僧的高人为师，练得一身本领，太行山以西无人能敌。戴廷木在《高上傅眉所状》中说，"常以荀彧、荀攸，马周，房乔，杜如晦之伦自比，自谓经济才干、机鉴胆识、筹划权变、上马草檄、握槊赋诗、决胜两阵之间，敏捷不让此辈……"在此书中还描述其"紫面，虬髯，长颈，七岁作诗赋，十二岁作《对作莲叶兜鉴赋》，十五岁时，已能遍览唐宋三百章"。一日成十六艺，时刻准备以科名继先志，然而十七岁遭国变，学业尽废，随父辗转漂泊，十年无家，十年的奔波并未使自己和父亲过上梦想中的生活，空有一身学问，难寄报国之心。他在冠山刻石王言诗云："但是陂陌石，唐颓总可人，风雨容磊落，烟雨渗精神。"空有满腔豪情和治世之才，却无处施展的无奈之情。

傅眉天分极高，性格豪放，才赋超人，由于生活在特殊的历史时代，受其父思想的影响，时刻想着恢复明朝，等待机遇，一展宏图，坚持民族气节，拒不入仕，代父治家。但在当时的社会背景下，理想和抱负，都化为云烟，成为泡影。其一生肩负家庭重担，与父一起行医卖药，维持生活。除了奉养祖母外，还要照顾伯父的遗孤傅仁，在傅仁去世后，又抚养傅仁的两个女儿，王士祯在《渔洋诗话》里，描述傅山父子生活的情形"常卖药四方，其子挽车，幕宿逆旅，辄课读《史》《汉》《骚》诸书"。

傅眉的一生，正如戴枫仲《高士傅寿毛行状》有"寿毛敦行好古，负经世之才，悒悒不得志而终"。

（六）无限牵挂

傅莲苏是傅山之孙，家学渊源，才华横溢。傅山晚年经常携带其外出云游，并传授家学真谛，傅莲苏将傅山的艺术发扬光大，傅山诸多著作和生平逐渐为后人所知。其精于书法，并为祖父所欣赏。

傅眉的去世，让傅山顿失精神和生活上的依靠，悲痛欲绝，而难以自拔，在极其痛苦下写下《哭子诗》十四章，是傅山对自己一生的总结，也是对儿子一生的评价。字字血泪所凝，句句饱含亲情和思念。傅山知道自己不久也会离世，唯一牵挂和放不下的就是傅眉留下的两个孩子，他怕孩子无人照顾，受人欺凌，于是一生很少求人的傅山分别给自己的一些做官的朋友写信，低首托孤。

他给李振藻写道："愚父子怛焉长逝，特以两孙为托，孱弱无依，穷鸟不能不投长者之怀也。"他给魏象枢写道："环翁知我为我，使此两两孱小，得安田亩间。隔世拜惠，乃庄子所谓死生同贯也。"他给戴梦熊写道："家门不幸，两孙失依，内外眷属无可缓急者。罗叉外侮，良繁有徒，群凌沓至，实难支御……特遗此书，求加护持。"在给戴梦熊的信中最后说："篝灯草治，笔自此绝。"已经是绝笔之辞了。

三　傅山治国平天下

"治"辞海解释为管理。《荀子·君道》："法者治之端也。"合理，有秩序。与"乱"相对。《荀子·天论》："天行有常，不为尧存，不为桀亡，应之以治则吉，应之以乱则凶。"

"平"辞海解释为平息；平定。《史记·秦始皇本纪》："既平天下，不懈于治。"

（一）正义之举

明末由于社会动荡，明王朝内忧外患，风雨飘摇，政治腐败，个人信仰缺失，统治阶级与百姓之间矛盾日益尖锐，民不聊生，人们精神萎靡，大多数士子文人选择向世俗社会的价值观妥协。傅山老师袁继咸因敢说，不徇私，得罪大宦官张彝宪，山西巡按御使张孙振既听命于中官，是当朝宰相温体仁死党，而且，他请袁继咸帮忙让其关系户参加乡试，遭到袁的拒绝，他便挟私陷害，串通阳曲知县李云鸿，上疏诬陷袁继咸因私受贿，犯有贪污罪。

傅山是袁继咸执掌三立书院期间，三百余名生员中的一个，傅山得知老师消息后，傅山当机立断，率领山西学子奔赴京城为老师申冤，讨回公道人心，向腐朽的王朝和贪官污吏们抗争。在傅山和薛宗周的带领下，三立书院的学生尾随押解袁继咸的囚车，徒步踏上了赴京的路程。

傅山亲自起草《辩诬揭帖》，为袁继咸澄清罪名。由于官场的腐败和官官相护，加上张孙振对请愿学生内部的分化和瓦解，生员大多退缩。他还以迫害傅山的弟弟傅止相威胁，而傅山以坚定勇敢，义无反顾的斗争精神置之不理，三次上疏均遭拒绝，傅山就改变策略，散发揭帖，揭帖终于通过"东厂""锦衣卫"之手最后传到了崇祯皇帝手中，崇祯看后大怒，吩咐刑部严查此案。傅山的老师袁继咸无罪释放，恢复名誉，以原官起复湖广武昌道。傅山上京请愿，轰动朝野，也因一个"义"字而名震大江南北。

（二）坚守理想

袁案结束后，傅山婉言谢绝新任提学桂一章选拔其为优科生，并且鼓乐齐鸣，插戴红花的仪式。而是寻城西北一座寺院，辟为书斋，悉心博极群书。不久，李自成起义军进发太原，傅山陪母携子辗转于平定嘉山。起义军、清军先后攻占北京，明亡。在国破家亡，清朝颁发"剃头令"和"易服令"即"留头不留发，留发不留头"的政策下，傅山选择拜寿阳五峰山道士郭静中为师，身穿朱明的朱红大袍，自号"朱衣道人"道号"真山"，意示决不向清朝屈服，怀念明朝，作为自己忠君爱国，反清复明的寄托和掩护。

清军入关，傅山提出："天下者，非一人之天下，天下人之天下也。"他改字为"青主"，表示他愿为青山做主人的态度。

清军初入关建都时，各地抗清之运动此起彼伏，傅山希望南明王朝早日北上驱逐清王朝匡复明室，并积极同南明总兵宋谦联系，密谋策划。初定于顺治十一年三月十五日从河南武安五汲镇起义。然而，宋谦潜往武安不久，即被清军捕获，并招供出傅山。傅山经过数次严刑审问，始终否认有密谋策反之事。在狱中度过了一年多的牢狱生活。

傅山出狱后，便携子长途跋涉，下江南了解桂王反清武装的情况，为了找到反清斗争的最后一线希望傅山从淮河到金陵，复又过江向北到达海州，中间在淮安、苏州等地都有过停留。傅山东南行两年之久，对处于一隅的桂王政权充满希望，可是随着支持永历南明的孙可望降清，桂王逃缅甸而终。傅山感到复明已微乎其微，回来路过连云港，作诗《东海倒座崖》"关窗出海云，布被裹秋皓。夜半潮声来，鳌抃郁州倒。一灯续日月，不寐照烦恼。佛事冯血性，望望田横岛。不生不死间，如何为怀抱"。只好怀着悲怆的心情返回太原，以"太原人作太原侨"表达内心无比的痛苦，寓意自己已无国无家，只是到处做客而已。

傅山为母配制的"八珍汤"，傅山亲书牌匾"清和元头脑杂割"。意思是要"头脑杂割清和元"，寄托其反清的思想和爱国的情怀。"头脑"是一种滋补的食品，经常食用有益气调元，活血健胃、滋补虚损之功效，而晨起食用效果更好，早年太原人天不亮就去吃"头脑"，所以卖"头脑"的店要挂灯笼作标志。对食用者而言，等于进行了一阵晨练，又有锻炼之功，还有滋补之效。而其寓意是：做事要趁早，不甘受外民族统治，象征"天不欲明人欲明"的决心。

傅山一生坚持"大外不迁就"的原则，他自己说："浮沉三十年，何日不胆尝。"直至晚年，他依然不忘复明之大业，"一杖生不扶，蓦醉中兴觞"。

（三）治病救人

张仲景辞去长沙太守回乡行医时说"进则救世，退则救民；不能为良相，亦当为良医"。良相治国平天下，救民于水火；良医悬壶济世，救死扶伤。行医是傅山的主要生活来源，也是傅山逃避官府骚扰的一种生活方式。明朝建立后，傅山在太原城里开了一家药铺，由儿子傅眉经营。《清史稿》记载，傅山经常和儿子傅眉共挽一车，四处去卖药。他在经济上依靠行医，就可以始终独立独行不去与新朝廷合作，保持自己民族气节。傅山一生不计富贵贫贱，广施医药，治好无数疑难杂症，在山西很多地方，庙里供奉的神仙都是他，人们称其为"神医""仙医"。

1. 高尚医德

傅山是一位医德高尚，医药技术精良和医学著作丰富的医学家。人民群众评价其："字不如诗，诗不如画，画不如医，医不如人。"人民群众敬重的一是人品，二是医，三是画，四和五是诗和字。人品是第一位，是因为傅山先生处于改朝换代的时期，能甘守清贫，拒入仕途，坚守理想信念，苦修医学，钻研医道，志在济世，治病救人。正因有高尚的人格，才能专心致志的治学。医术列第二，人的一生都有生、老、病、死，傅山先生又长于妇科、内科杂病；治病又不拘学派，用药不依方书，应手而效，往往用一二味药材甚至代用品，或者完全不用药物，就能治好疑难奇症人称"神医""仙医"。对待病人不讲贫富，一视同仁，在相同的情况下，则优先贫人。当时"踵门求医者户常满，贵贱一以视之"。对前来求医的阔佬或者是名声不好的官吏，则婉言谢绝。

他在《题幼科证治准绳》一文中说："姚甥持此，令老夫稍为点定一二方，欲习之为糊口资。既习此，实无省事之术。但细细读诸论，再从老医口授，自当明解。扁鹊以秦人之爱小儿，即为小儿医。慈和恺悌，便入药王之室。慎无流于恶姿，如李醯也。"教导外甥既然学医就要下功夫，不能图省事，走捷径。要常读医学经典，向有经验的老医生虚心学习，跟随老医生从事临床结合起来多实践，这样才能学通医术。要成为像药王孙思邈和扁鹊一样医术全面又品德高尚的人，不要学秦太医令李醯般医德败坏的人。提出："人命至贵，重于千金，一方济之，德逾于此。"医生一定要怀有对病人生命高度负责的态度，认真对待每一个病人，才能达到济世救人的目的。

傅山长期生活在百姓之中，感同身受百姓得病之苦，治病之难。傅山在为他的朋友李中馥，为其病妻许愿而资刻《灵感经》，所作序中写道："侨黄之人，亦尝学医。以医喻之，知所苦而苦之者，尚活人也，医得而救之者也。不知所苦而乐之者，则既死之人也，医安得而救之？"傅山就是以受苦者即救受苦者的思想，为天下受苦者治病，是他"济世"思想的具体表现。

因而其经常不辞辛苦，远途出诊，救治患者。"据清人陈鸿喜云：'青主善医而不耐俗，病家多不能致。然素喜看花，置病者于花木寺观中，令善先生者诱致之，闻病人呻吟，僧即言羁旅无力延医耳。先生即为治剂，无不应手而愈。'"① 因傅山轻财重义，极重医德，对待病人不讲贫富，在相同的情况下穷人优先。那些前来求医的阔佬和名声不好的官吏，傅山从不医治，他认为："奴人害奴病，自有奴医与奴药，高爽者不能治；胡人害胡病，自有胡医与胡药，正经者不能治。妙人害妙病，自有妙医与妙药，粗俗者不能治……以高爽之医治奴人，奴人不许；以正经之医治胡人，胡人不许。所谓不许治者不治也。"一些奴颜婢膝的官僚和满清朝压迫者，找他看病很难，而其医道又极高，遇到疑难之症，只有找傅山才有希望。有一得重病的达官贵人打听到傅山先生下午要去某家喝茶，就穿上破烂的衣裳，躺下这家人附近的墙根，不住地呻吟。傅山过来，问同行的人："这是什么人？""一个外来的可怜人，买卖赔了本，又身患绝症。听说本是好人家，知书达理，不过这下没指望了……"话没说完，傅山就说："把人抬进来，我给看看。"结果药到病除，傅山眼中的奴人和胡人，为了让傅山看病，不得不化装成穷人，才能得到医治。

---

① 常清文：《中国文化奇人傅山》，山西古籍出版社2007年版，第236页。

2. 毫不保留

他不但在乡间村野随处行医，还在自己的药肆乃至大宁堂、济生馆、卫生馆等地坐堂问诊。山西省博物馆保存有傅山亲笔写的"行医招贴"，全文"世传儒医，西村傅氏，善疗男女杂症，兼理外感内伤。专去眼疾头风，能止心痛寒嗽。除年深坚固之沉积，破日久闭结之滞瘀。不妊者亦胎，难产者易产。顿起沉疴，永消烦苦；滋补元气，益寿延年。诸疮内脱，尤愚所长，不发空言，见诸实效；令人三十年安稳无恙，所谓无病第一利益也。凡欲诊脉调治者，向省南门铁匠巷元通观阁东问之"。

傅山友人顾炎武于康熙癸丑（1673）为傅山《大小诸证方论》所撰《大小诸证方论·序》曰："予友傅青主先生，学问渊博，精实纯萃，而又隐于医。手著《女科》一卷、《小儿科》一卷、《男科杂症》一卷，翻阅其书，分门别类，无症不备，无方不全。治一病，必发明受病之因；用一药，必指示用药之故。曲折详尽，诚卫生之善道，救死之良方也。"傅山在中药史上具有"大师"级的地位。临床基础上有理论著作《外经微言》，综合性临床著作《辨证录》《大小诸症方论》《石室秘录》，专科著作《傅青主女科》《傅青主男科》《青囊秘诀》（外科）。

傅山对自己多年临床有效的处方都毫不保留地流传在民间，授予民间实用的简便的验方，传授药店疗效卓著的成药，或传方饭庄养生健体的药膳，他时时用自己的智慧和知识惠泽百姓，济世救人。

傅山将砂仁、当归、木香、丁香等十二味名贵中药浸泡在陈年汾酒中，酒液透亮金黄，幽香芳香，醇甜丰润，少饮久饮，有益气活血，润肝健脾之功效的竹叶清酒，至今依然深受广大老百姓的喜欢，已成为山西的一大名产。

3. 妙手回春

傅山熟悉生理，病理，善观气色，不须诊断，就能看出有病无病。《柳崖外编》中记载，有一伙青年人正在临街盖房子，远远看到傅山走过来，就想试试傅山的医术，其中一小伙便从脚手架上一跃而下，躺在地上。众人拦住路过的傅山，让傅山医治。傅山看了一眼，便说："他已经是个死人了。"众人大笑，傅山说："肠子断了，已经无法救治。"众人回头看时，那小伙突然大叫肚疼，众人把他抬起，刚到家门口就断气了。

傅山治病善于运用心理治疗，往往用一两味药材甚至代用品或者完全不用药材，就能治好奇难怪病。《柳崖外编》记载，有位妇人，因其丈夫好赌成性，劝说无效，被丈夫捆了一巴掌，气闷之下，得了气鼓病，其丈夫赶忙去找傅山，说明情形，请先生医治，傅山问明情况后，很随意地拣了几把野草，告诉他"拿回去，每天在你女人面前用慢火煎药，而且必须和颜悦色，低声下气。除了亲自给你女人侍奉饮食外，就一心一意地煎药，一天熬十几次"。那位丈夫按照傅山的吩咐去办，果然不到三天，妻子的病就好了。

傅山深通脉理，往往一搭脉，就能诊断出病人的病因。《柳崖外编》记载，山西巡抚的母亲忽然得了病。傅山在阳曲县令陪同下诊断，诊完脉，傅山发怒说："偌大年纪，怎能得了这病？"县令婉转地再三细问是什么病，傅山说："相思病，得自昨天下午。"傅山走后，县令向巡抚禀报。他母亲听见了，感叹地说："神医，神医！昨天下午，我翻腾箱笼，忽然见到你父亲的一双鞋，病就发作起来！"县令把得病的内情告诉傅山，傅山只开了一服药，就治好了巡抚母亲的病。

《仙儒外纪》中记载，妇女在临盆时昏厥昏死过去，她的邻居找到傅山，傅山给少妇诊脉后便拿出银针，针刺少妇腹后数次，少妇便苏醒，顺利分娩。傅山言，小儿握住母心，故母闷绝。针刺后，小儿放手，母亲自然没事了。家人细看，小儿手上果有针刺之痕迹。

傅山善于结合病人的身体条件因人而异进行诊疗，对个体差异了然于胸，做到"尽人之性"体现大医精诚，敬重每个人和人的生命"为人储得药，如我病差安"。《傅山民间行医故事》记载，相距西村二里远的兰村一位年轻后生求傅山看病，傅山诊断以后没有开药，却对他说："你的病不要紧，现在你家的房子着了火，赶快回去救火吧！等救完火再来开药！"后生听了，吃了一惊，顾不得看病，撒腿就往回拼命跑。当他跑得大汗淋漓回到家中时，愣住了，家里好好的，并没有失火。于是又立刻返到西村找傅山看病。傅山说："你的病已经好了，还来看什么病？"那后生听他这么一说，果然觉得身上轻松多了。后生不解地问："你只是吓我跑了一趟，也没有给我开药吃，怎么病就轻了呢？"傅山这才告诉他："你身体很强壮，没有什么病，只是伤了风，得了感冒。被我一吓，让你跑得出了汗，病就好多了。回去吧，路上注意不要再受风，回去休息一两天就全好了。"那后生回去，休息了一天，果然全好了。

更为称奇的是，傅山看书法断生死。记载在《柳崖外编》，一日傅山酒醉后作了一幅草书后便去睡了。傅眉就模仿了一幅，悄悄地把父亲的书法换走，想看看父亲能不能分辨出来。傅山醒来后，看到桌上的书法，心情闷闷不乐。傅眉问之父亲为何不高兴？傅山叹口气说："我昨天醉后偶书，今天起来看了看，中气已绝，大概我不久于人世了。"傅眉听了，大惊失色，就把自己换掉书法的事告诉父亲。傅山听了，更是难受，叹口气说："如果真是这样，恐怕你等不到新麦上场了。"结果傅眉真如傅山所言。

傅山医术入神，在中医传统理论下，结合临床病例，注重阴阳辨证、整体论治，重视脏腑论治，着重于肝脾肾，强调治疗疾病应重视调肝。认为人体疾病除了与身体的内在状况密切相关，还与外界环境及病人的行为、心理因素有紧密的联系。傅山不仅治病，更重调理，使患者内外一体达到身心的和谐一致。在世时，蔡璜撰传记载"人称医圣"，傅山逝世后，人们称他为"仙医"。

第二节　傅山书法

世人称傅山书法为"晋唐以下第一家""萧然物外，自得天机""豪迈不羁，脱略蹊径""书法图书，皆超绝古今，世人咸知宝贵"。

傅山书法理论中常出现"作字先作人"这一命题，而"作字先作人"见于《霜红龛集》卷四之中的《作字示儿孙》，其诗句有云：

作字先作人，人奇字自古。纲常叛周孔，笔墨不可补。诚悬有至论，笔力不专主。一臂加五指，乾卦六爻睹。谁为用九者，心与腕是取。水真溯羲文，不易柳公语。未习鲁公书，先观鲁公诂，平原气在中，毛颖足吞虏。

文章中所论述的书法理论，对于明末清初风雨飘摇中盛行"奴书"风气的书坛来说无疑是一记响亮而清脆的耳光，打醒了浑噩不知的奴颜媚骨，更是历代书法理论中的一股清流。而在下文他以诗为纲详解何为"作字先作人，人奇字自古"。

《霜红龛集》中，傅山写道：

贫道二十岁左右，于先世所传晋唐楷书法，无所不临，而不能略肖，偶得赵子昂、董香光墨迹，爱其圆转流丽，遂临之，不数过而遂欲乱真。

此无他，即如人学正人君子，只觉觚棱难近，降而与匪人游，神情不觉其日亲日密，而无尔我者然也。

行大薄其为人，痛恶其书，浅俗如徐偃王之无骨。始复宗先人

四、五世所学之鲁公，而苦为之。然腕难矣，不能劲瘦挺拗如先人矣。比之匪人，不亦伤乎。

不知董太史何见，而遂称孟頫为五百年中所无。贫道乃今大解，乃今大不解。写此诗仍用赵态，令儿孙辈知之勿复犯。此是作人一著。然又须知赵却是用心于王右军者，只缘学问不正，遂流软美一途。心手不可欺也如此。

危哉！危哉！尔辈慎之。毫厘千里，何莫非然。宁拙毋巧，宁丑毋媚，宁支离毋轻滑，宁真率毋安排，足以回临池既倒之狂澜矣。

傅山在其中详细评析几位书法家其书法的不同特点，以及傅山本人对其书品人品的看法。不难看出，他对柳公权，颜真卿等书法大家推崇备至，而对宋亡后接受元官衔的赵孟頫颇有微词。

单从书法本身的艺术价值来看，赵孟頫书法也颇具水准，而傅山对其的评价却是"软美"，其中一字"软"不单指笔力绵软，更指其性格软懦，"学问不正"，骨气不足，使其书法被傅山指出"儿孙不可习"。

赵孟頫字子昂，号松雪道人，又号水精宫道人，鸥波。他出身皇族，宋太祖赵匡胤十一世孙，赵德芳嫡系子孙。南宋灭亡后，赵孟頫曾归乡闲居，后被元庭重用，他也担任了元朝官职。而正是此行为，赵孟頫被后世多人诟病，称其"失节"。

赵孟頫博学多才，诗文辞赋，经济律法，无一不精；他更擅金石古玩，书法绘画。通晓律吕，鉴赏一流。特别是赵孟頫书法成就最高，开创了元代的书法新风，被称"元人冠冕"，更是有着"楷书四大家"之一的称呼，为书论高深之人。

赵孟頫认为，"学书有二，一曰笔法，二曰字形。笔法弗精，虽善犹恶；字形弗妙，虽熟犹生"。"学书在玩味古人法帖，悉知其用笔之意，乃为有益。""昔人得古刻数行，专心而学之，便可名世，况兰亭是右军得意书，学之不已，何患不过人耶。"

以上书法理论曾被傅山习得，他自言，"爱其圆转流丽，遂临之，不数过而遂欲乱真"。而因其为人不妥，后来"行大薄其为人，痛恶其书，浅俗如徐偃王之无骨"。

在傅山看来，赵孟頫身为赵宋皇室后人，不思复国却行臣服，气节大坏骨气不存，因而其书法浅俗无骨，即使年轻时他曾模仿赵孟頫足以乱真，也不改他对赵孟頫书法的低评。

傅山言："子极不喜赵子昂，薄其人遂恶其书。近细视之，亦未可厚非。熟媚绰约，自是贱态；润秀圆转，尚属正脉。盖自《兰亭》内稍变而至此。与时高下，亦由气运，不独文章然也。"

字如其人，若人格不高，字格也不会高。赵孟頫曾用心学习王羲之，但由于学问不正，陷入了一味追求软美的"奴书"泥潭中无法自拔。这里的学问不正不只是对于书法的错误理解，更多是指赵孟頫为人不正，做人不端，直指他在元为官的经历。他对于赵孟頫的批评，更多是借古讽今的自我纾解。以元指清，以赵指降于清政府的汉族官员。他举出赵孟頫的例子来告诫后代，"令儿孙辈知之勿复犯"，此处的告诫不只是书法，更多是告诫在家国存亡的危难之时，不可折节弯腰。

同时，他对于董其昌推崇赵孟頫书法，称"五百年再无人可超过赵孟頫书法"的言论进行了严厉的驳斥。

"晋自晋，六朝自六朝，唐自唐，宋自宋，元自元，好好笔法，近来被一家写坏，晋不晋，六朝不六朝，唐不唐，宋不宋，元不元，尚焕焕姝姝自以为集大成。有眼者一见，便窥见室家之好。"

董其昌其人，生于明代，字玄宰，号恩白，香山居士。万历十七年进士出身，翰林院编修，后平步青云官至南京礼部尚书。他擅画山水，师法董源，巨然，黄公望等人，有评其笔致"清秀中和，恬静疏旷"；用墨"明洁隽朗，温敦淡荡"；青绿设色古朴典雅。

而其书法出入晋唐，自成一体，主张追寻古人遗风，在笔墨上要求先熟后生，拙中带秀。

他于晚明间，为艺坛泰斗，执牛耳数十年。他曾自言，"吾书无所不临仿，最得意在小楷书，而懒于拈笔，但以行草行世。亦都非作意书，第率尔酬应耳。若使当其合处，便无能追踪晋，宋，断不在唐人后乘也"。

而傅山对其评价不高，甚至多有批判。"不知董太史何见，而遂称孟頫为五百年中所无。贫道乃今大解，乃今大不解。"此处重复两遍大不解，既是不解如赵孟頫般软美流派被盛赞的原因，也是不解董其昌书法虽有好评但其为人风评不加，而极推崇赵孟頫。

董其昌在任时，许多附庸风雅的官僚绅豪和家财万贯的商人重金求字，董其昌来者不拒，为其字，作画，鉴赏文物，成为名动江南的艺术商。他家财万贯，居于浙江，如同旧时代话本里的地主老财一般，民间更是有流传《民抄董宦》的故事，足见其风评不佳。

在民间传说中，董其昌纵容其子作恶多端，欺压乡里。六十多岁的董其昌辞官在家，他的儿子带人强抢佃户之女绿英。万历四十四年，董其昌府邸被众人围住，最后将其付之一炬，这就是"民抄董宅"的来源。并张贴有榜文，"……人心谁无公愤。凡我同类，勿作旁观，当念悲狐，毋嫌投鼠，奉行天讨，以快人心。……期于十日之中，定举董家主凶归乡。谨檄"。

而史书中所记载的董其昌，"险如卢杞，富如元载，淫奢如董卓"，如此为人，所写的巧媚书风却在清初大为盛行。在满清统治者的推波助澜下，文人纷纷效仿，以致有过之而无不及。"巧之极则流于雕饰，过于雕饰则乏自然天趣；媚之极则伤于甜熟，过于甜熟则必气格卑下。"此举导致台阁体大肆盛行乃至成泛滥之势，将书法艺术禁锢在"乌方光"的框架内，形式上大小如一，工整刻板，反对自然奔放，倾诉情感，书法已经陷入僵局。

而傅山在此时提出了反叛。他所反叛的不仅是清代书风，更是反叛异族统治，他反叛的缘由不是书法而是民族家国气节，但这使得他的书法成为清代反叛者的先驱，领导了一场书风的革命，如其为人般敢于在黑暗中先行发声，振聋发聩且警示世人。

作字先作人，投降文人骨气已失，又怎能要求他们书风朗健？傅山的反叛，是对清朝统治的反叛，是对当时社会的反叛，是对投降文人的反叛，是对软柔艺术的反叛。傅山轻视阴柔媚俗的风气，更轻视的是创造出此种风气的苟且偷生屈膝于满清统治者的毫无骨气的文人。他因厌恶其人品而推至厌恶其书品，也由欣赏其人品而推至欣赏其书品。

因欣赏秦汉义士，却匈奴七百里的豪情壮志，他欣赏"狮紧霹雳，象弦皆断"的秦汉古文；因欣赏西北风骨刚劲，他欣赏西北"沉郁""桀倔""倜傥豪雄"的悲壮文风。

众所周知，唐时柳公权和颜真卿极受傅山喜爱。

柳公权为楷书大家，他在谏唐穆宗时说"心正笔则正"，虽然主旨是为维护纲常伦理，但单从字面来看与傅山的"作字先作人"有异曲同工之处。

柳公权少有才学，出身簪缨世家，祖父柳正礼任邠洲曹参军，其父柳子温曾任丹州刺史，其兄为唐时名臣柳公绰。柳公权少中进士，初仕秘书省校书郎，仕宦沉浮一生，位极人臣显赫一时。

柳公权字被称为"柳骨"，盖因其有骨感之美。早年时柳公权临摹王羲之、钟繇等书法大家的作品，并在学习唐代大家书法技巧和字体后，随之进行了创新，开创了"柳体"。

柳公权作为"唐书尚法"的代表之一，不只书体遵法端正，其心更正。以其中年时的行书《蒙诏帖》为例，此时柳公权年富力强，正是他创作书法的巅峰时期。《蒙诏帖》行书一气呵成，遒劲刚力，腕力十足，独体现力道之美。作为行书，《蒙诏帖》字体飘逸，形散而神不散，空灵而跃动，为行书中绝美的上品。在第一帖中，柳公权挥毫恣意，大笔大字写出"公权蒙"三个字，连绵庞大，众人观之，只觉磅礴之气迎面而来。在用笔上，柳公权笔下苍劲，足见柳公权精气神十足，下笔有神韵。

而柳公权另一传世之作为《玄秘塔碑》。《玄秘塔碑》是柳公权的晚年楷书作品，全称《唐故左街僧录内供奉三教谈论引驾大德安国寺上座赐紫大达法师玄秘塔碑铭并序》，简称《大达法师玄秘塔碑》，唐裴休撰文，柳公权书并篆额。其特点可为"体势劲媚，骨力遒劲，结构严谨，字体清秀"。笔法苍劲而有力度，字体紧密而富有美感。《玄秘塔碑》被认为是书法大家柳公权的巅峰代表作，字体美观，字体形式体现了柳体书法特点。这部作品虽然已经有上千年的历史，但是它的艺术价值并没有随着时光的流逝而褪色。

柳公权在民间多有传说，并称为"心正笔正"。他官至太子少师，世称"柳少师"。

他博览群书，才华出群，出口成章，对答如流。史书记载柳公权一次随唐文宗到未央宫，车轿方停，文宗就令他以数十言颂之。公权一视，出口成章，言辞流美，左右无不惊叹。文宗遂笑着说："卿再吟诗三首，称颂太平。"公权毫无难色，慢步高歌，七步三首，文宗感叹地说："曹子建七步成诗，卿七步诗三首，真乃奇才也。"

柳公权博览群书，对《诗经》《尚书》《春秋》《左传》《国语》都很有研究，是一位很有才学的政治家、文学家，更是唐代有名的书法家。他酷爱书法，写得一手好字，对真、行、草三体都有很高的造诣，更工于正书。

柳公权不只学术卓越，还是一位正直的朝廷命官，他敢于向皇帝谏言，深得世人佩服。

唐穆宗曾观赏柳公权习字，感慨柳公权运笔醇熟，又称赞他字体娟秀，遂问柳公权在书法练习上有何秘诀。柳公权恭敬回答说："用笔在心，心正则笔正，心正如思，笔化浓山，笔画则姿正也。"此话有双关之意，他不仅告诉了唐穆宗自己练字时的技巧，也从侧面告诉唐穆宗治理国家大事，也需要"心正"。

而何为心正？柳公权已给出后人答案，为君者励精图治，为臣者匡扶社稷，为民者圣人之学在于心正和笔正，书法作品亦然。以心正推及笔正，以作字推及作人，傅山习柳体，不仅因书，更因人品。柳公权注重修身养性，后人们在评价书法大家的作品之时，都习惯将他的人格修养当作一个参考标准，如果此人品行高雅亮洁，他的作品会受到推崇。

唐文宗曾以汉文帝为榜样，学其勤俭，一时兴起以自己衣袖为例，称此衣服已经洗过三次。群臣皆赞颂文宗节俭的品德，唯有柳公权不置一词。文宗问他缘由时，柳公权回道，君主的大节在于任用贤能，听正直大臣的谏言，洗衣服方面只是小节，君主不应该看中。唐文宗很欣赏柳公权谏言能力，便任用他为谏议大夫。

柳公权用"心正"写出世人感叹的"柳骨之姿"，他也以"心正"劝谏皇帝，成了一代名臣。

傅山楷书师承魏晋风骨，法颜筋柳骨，尤以颜体为主。傅山书法与颜真卿皆运笔敦厚重拙，线条多为粗线条且多粗壮，刚劲挺俊，峻拔肃萧，气势恢宏，境远旷达，拙朴有神。章炳麟《题傅青主手书千字文》言："傅公自谓挽强压骏，其草书正似之，小楷乃独淳古。"正如其所言，傅山小楷"大力柱笔着纸，如以千斤铁杖柱地"。于右任在题词中说："余见青主先生大字多矣，爱其如生龙活虎，而小字乃温厚和平如此，乃知有道君子，真不易测也。"

傅山倡导学习颜体，而在学习之前要先看颜氏家族对儒家经典的理解。理论与书法本无太大关系，但傅山认为"作字先作人"，颜真卿是唐时有名的正直之臣，兄长颜杲卿更是在安史之乱中抵抗叛军而死。颜真卿维护中央统治，反对割据势力，任平原太守时抵抗叛乱，后又怒斥李希烈分裂，堪为忠君爱国的表率。

如此表率，在满清入关的国难时节显得尤为可贵。颜真卿不只是首屈一指的书法大家，更是爱国的一面旗帜。当时社会，书法不可避免地与国运有所联系，傅山所习不仅是书法，更是一腔爱国热血。士大夫阶层不甘亡国，奋起反抗满清统治。傅山积极奔走在其间，为抗"留发不留头"出家为道，道号"真山"。他身穿朱衣，朱衣者朱姓之衣，追忆大明之情不言而喻。

作字先作人不仅是傅山的书法主张，更是他的政治主张，由此，傅山书风渐独成一家。

第三节　傅山拳法

一　傅山拳法的源起

（一）社会背景

明朝（1368—1644），1368 年建立明朝后，朝廷长期面临瓦剌，鞑靼，东瀛等国侵扰，政府重视强兵护国，加强军队战斗力，提升士兵个人的武力，建立武学，采取武举制，允许民间练武，以满足国家的军事需求。太祖朱元璋在洪武三年五月"下诏国子生及郡县学生皆习射"。其认为："先王射礼文废，弧矢之事专习于武夫，而文士多所末解，乃命礼部考定射仪，颁于官府学校，遇朔望则于公廨或间地习焉。"他希望培养文武兼备的人才。

元末吏治腐败，大批蒙古贵族抢占土地，而中原连年灾荒，黄河连决三次，百姓破产流离，民不聊生，农民武装起义相继而起，北方白莲教首领韩山童及其教友刘福通发动起义，义军头裹红巾，人称红巾军。朱元璋趁元军对付北方的红巾军，统一了江南，提出"驱逐胡虏，恢复中华，立纲陈纪，救济斯民"的口号，北上伐元，北伐军进占大都，结束了元朝在全国的统治。之后朱元璋又用了近20年的时间，击溃元朝残余势力，完成中国统一。

朱元璋在位三十一年，传位朱允文，朱元璋四子朱棣以入京除奸为名，发动了"靖难之役"。经过四年建元永乐，称为明成祖。1410年至1424年，成祖五次亲征，先后打败鞑靼、瓦剌两部蒙古骑兵，迁都北京。

1449年，明英宗朱祁镇北征瓦剌，被瓦剌军俘虏，掠至漠北，瓦剌军很快就兵临北京城下，史称"土木堡之变"。留守的兵部侍郎于谦立英宗之弟朱祁钰为帝，率领全城军民誓死与敌，浴血奋战打败瓦剌军。

洪武二年至万历年间，在日本内战中失败的武士及浪人被海盗招募，经常在中国沿海掠夺骚扰。直到嘉靖年间，国内一些富商和海盗与倭寇勾结劫掠，再加上国内腐败，边防松懈，导致倭寇愈演愈烈。

崇祯二年，中原灾荒严重，流民四起，后金入关，社会阶级矛盾突出，内乱纷纷，李自成提出"均田免粮"的口号，受到农民的拥护。李自成击败明军，最终攻进北京。不久，清兵入京，一统江山。

明朝是历史上最后一个汉族人在华夏大地上重新建立起来的封建王朝，是一个相对开明又对外开放的朝代。明朝寓兵于民的政策，人人习武，强兵练民，提高国家的综合军事能力，树立尚武风气，武学兴盛，推动全社会各个阶层的习武之风。军旅武术流入民间形成民间武术，而大批的学生通过武学的考核，进入各个军队担任军官，也促进了军队的武术训练水平，出现了一大批军事家和武术理论家。如俞大猷、戚继光、唐顺之、何良臣等这样武艺高强又善于领兵打战的国家栋梁之材。

戚继光编写《纪效新书》收录了"杨家六合八母枪法"、俞大猷的《剑经》和戚继光自编的《拳经》等；王圻著《三才图会》载有"马箭图""拳法图""枪法图""棍法图"等；何良臣著《阵记》记述了射、拳、刀、剑、短兵等武术，这些武术典籍，对武术的发展奠定了深厚的武术理论基础。

明朝万历年间出现了气功导引术和武术功法结合的《易筋经》，很多武术家同时擅长医术，明末在黄宗羲《王征南墓志铭》中写道："少林以拳勇名天下，然主于搏人，人亦得以乘之。有所谓'内家'者，以静制动，犯者应手即仆，故别少林为'内家'。"

（二）傅山拳法的起源

傅山（1607—1684）出生在阳曲西村，祖籍大同，先人从大同迁移到忻州，再从忻州迁移到阳曲西村。傅山自幼受严格的家庭教育，不仅专注于明经致仕的举业，还由于明末时期社会动荡不安，全国起义此起彼伏，因而其认识到读书要联系国计民生，"以举子业不足习"流露出强烈的社会责任感和忠君爱国的思想。其一生可分为三个阶段，第一阶段明末时期，为明王朝的中兴努力学习，忧国忧民；第二阶段明清王朝更替时期，到寿阳王峰山拜郭静中为师，身披道袍，为反清复明而战；第三阶段清王朝统治下，著书立说，弘扬传统文化。

在崇祯九年就提出希望朝廷"右武尚功"，充实国防力量，把已失去的国土，收复回来。傅山在《霜红龛集》卷七《示两郎》中说："傅家文武干，元魏说修期。"傅家历代都是文韬武略。崇祯十七年在寿阳拜还阳子郭静中为师，郭静中为全真第五代传人，内功造诣很深，傅山在《霜红龛集》中记载，其师用内力叠骨缩身如婴儿状。

明末清初傅山游走在晋中一带，招兵买马，秘密结社，积极筹备反清复明的宏大志向，此时的傅山更注重武术"术"的实用性；傅山"谋逆罪"出狱后，携子南下江淮，复国无望，将武术的实用性转为修心养性之术；傅山留传下的拳谱、歌诀，遵循"正本清源"，九九归一之理，守一而内养，通过修习子午太极功法，达到后天补先天，长养浩然之原始之气，达到强身健体修心养性之目的。

据史传记载，傅山居住在晋祠圣母殿北部，悬瓮山半腰间的朝阳洞，研究养生之道，道家吐纳导引之术，结合医家经络和传统养生功法，创编成傅氏朝阳拳。"宁愿绝技传英俊，勿使真传落旁门"，在历经三百年的秘传中，演变为子午太极拳。

二　傅山拳法的现状

（一）傅山拳法的传承

20 世纪 80 年代初，开展了轰轰烈烈的全国武术挖掘整理工作，在山西省灵石县由蔡承烈献出其祖母何氏的陪嫁物《傅拳图》。何家是灵石县两渡镇有名的武术世家，清康熙年间何家先祖何世基，邀请傅山至两渡讲学时，傅山亲传拳术，所传内容记载为《傅拳图》，因何氏热爱习武，故临摹一本作为嫁妆带到蔡家。

《傅拳图》展览后，北京铁道兵团原军事法院院长李思元同志与北京市第二清洁车辆厂的程怀玉同志，同时发现，他们演练的套路与傅拳图的套路一样。李思元从师太原葛苏元及其徒郝仲奎，葛苏元老人的拳法学自大宁堂的坐堂先生，而大宁堂正是傅山先生创设的悬壶济世之所，他所演练的拳叫"子午太极拳"。程怀玉所练的套路称为"绵山太极拳"是清康熙原籍山西省介休县绵山玄天观道士，龙门派第九代"太"字辈的孟太真所传。傅山道号真山，"太"字辈比"真"字辈低两辈。

无论"子午太极拳"、介休一带称为"绵山太极拳"，中阳县称为"朝阳拳",虽拳名不同但拳谱同出一理。

（二）傅山拳法的现状

城市化进程导致了传统文化的衰败，自古"农忙时种田，农闲时造拳"的习俗早已无影相随，"传统武术学习周期长，难度大，且不能直接获得合理的收益，除此之外，传统武术的言传身教，需要有灵气，悟性高的年轻人来继承等因素，这导致了传统武术后备人才少之又少。传统武术也许会在城市化无节制的扩张中走向终结"。① 村落拳师迫于生活压力，大多弃武改行。

傅山拳法作为近年来声名鹊起的拳法，初被大众所知晓，因此门下修习传人甚少。傅山拳法在灵石县体委主任张耀伦、山西大学讲师李有甫和山西省武术队总教练张希贵等的整理挖掘下，已形成系统的理论体系和套路动作体系。近年来，在张希贵老师及其他有志之士的不懈努力下，2009 年"傅山拳法"成为山西省第一批非物质文化遗产项目之一。2013 年 7 月在"傅山文化园"举办了"傅山杯"全国传统武术邀请赛，2015 年 7 月举办了第一届傅山拳法大赛。2016 年 7 月举办了第二届傅山拳法大赛。

灵石县武术协会在张耀伦主任的带领下，在县委、政府和县体育运动中心的领导和支持下，以"精诚团结，艰苦奋斗，开拓创新，大力弘扬"为思路。成立了傅山拳研究会。对傅山拳进行认真的挖掘、整理、培训、推广和传承，成为山西省第三批省级非物质文化遗产名录扩展项目之一。目前在灵石县习练傅山拳、剑法的约有 200 余人。

中华傅山文园与灵石县均成功申报"傅山拳法"和"傅山拳"的省级非物质文化遗产，所练拳法相同，同属李思元老人所传。

---

① 王岗、薛立强、徐政权：《城市化进程中传统武术的生存"困境"与应对措施研究》，《南京体育学院学报》2015 年第 1 期。

李思元老人传承的傅山拳法共 81 式，用时 14 分钟左右。为便于傅山拳法的普及与推广，适应当前人们紧张和忙碌的生活，傅山拳法传承人张希贵老师将老套路改编成傅山拳法上架子与傅山拳法下架子，将老拳法套路分为上下两段进行推广。

在实际学习过程中，因傅山拳法动作路线有直、有斜、有转圈，结构多变，转折往返。学员在学习过程中，依然感觉很难学会。张希贵老师将傅山拳法又进行了改编，更加便于推广，简单易学，容易入手，也符合学习的规律，先简后难，逐步深化，根据练习者的需求，将傅山拳法改编为 16 式的傅山拳法一路、32 式的傅山拳法二路和 64 式的傅山拳法三路，64 式傅山拳法就是按傅山拳法 81 式的顺序将重复动作去掉创编而成。经改编后的傅山拳法更加容易推广和普及，特别是傅山拳法一路的创编，16 个动作为傅山拳法走进大中小学具有了可行性。

三　研究傅山拳法的意义

我国地域辽阔，各地区的武术发展各具特色。在大致相同的历史进程中，各地武术又形成了明显的地域性和民族特色，这种各具地域特色和民族特色的武术互相交流和融合，从而构成了门派繁多而又风格迥异的中华武术系统。形意拳、弓力拳、通背拳、傅山拳及鞭杆等具有地方特色的传统拳械相继产生并发展于山西这一特定的区域范围内，绝不是一个偶然的现象，而有其历史发展中的必然因素。值得注意的是，这些拳种构成为中国传统武术的重要内容。基于此，希望通过本研究，挖掘山西的地方武术文化，使山西这个武术大省能从中汲取积极因素，进一步推动文化的产业化进程，为山西建设文化强省提供一个有益的思路，使武术在推动山西的社会经济全面发展的过程中发挥出更大的作用。

山西省非物质文化遗产共计 418 项，传统体育、游艺与杂技共计 19 项，包括晋中市心意拳、洪洞县通背缠拳、万柏林区体育总会南少林五行拳、尖草坪区傅山文化园傅山拳法等。尽管振兴中华民族传统武术之路已经走过了 100 多年的历程，但在某种意义上说，我们至今没有找到很好地利用中华民族传统体育资源的途径，本民族的体育资源，尤其是传统武术文化，还没有得到充分估价和认识。面对西方体育文化的强势渗透和原有生存环境的逐渐消失，中华民族传统武术文化必须做出相应的变化，寻求与新环境的适应，在变化中得到发展。

四　傅山拳法的开发与利用

"傅山拳法"在 2009 年成为山西省第二批非物质文化遗产项目之一，2014 年 5 月 1 日山西省形意拳协会、山西傅山武学研究会挂牌暨傅山拳法培训班开班仪式在中华傅山园隆重举行。开办了面向全国的傅山拳法辅导员培训班，考试合格者均获得傅山拳法辅导员证书，使傅山拳法走出了山西。

目前，参加培训的有来自北京、安徽、浙江、山西、湖北，还有部分外国学员，如智利的阿诺、俄罗斯的希诺，委内瑞拉的沈琳等。他们为傅山拳法走出山西，走向世界奠定了坚实的基础。

2016 年 7 月 22 日，为纪念傅山先生诞辰 409 年，在中华傅山园由太原市体育总会和太原市尖草坪区主办，山西省形意拳协会，太原傅山社和傅山武学研究会承办了"传承傅山文化，弘扬傅山精神"主题系列活动，其中第二届傅山拳法大赛成为本次活动的重要内容，共有 19 支队伍的 166 名拳师参赛。

同时，比赛期间还开展了傅山书画展、中医义诊、学术研讨和傅山系列产品展等活动。

在全民体育中，傅山拳法越来越成为人们选择锻炼身体的一种方式，被越来越多的人所熟知，在太钢工会，太原市西村部分小学校、山西医科大学均开展了傅山拳法的学习和锻炼。但目前在中华傅山园广场笔者了解到没有练傅山拳的，傅山拳并没有在中华傅山园区的周边住户和学校中大力推广，是一大憾事，也是傅山拳法推广和传播的空间所在。

（一）利用中华傅山园的开发传播傅山拳法

1. 中华傅山园现有的成果

中华傅山园的建设，将与傅山有关的所有非遗产物质文化遗产整合在了一起，傅山传统文化都将利用中华傅山园区内的场馆全面的、完整的、用活的和动态的方式呈现到我们的面前。

在这里，每逢初一、十五及重大节日，中华傅山园内均有坐堂的大夫为您义诊，有病历记录在案的约三百余人。有傅山医学专著可以带回家研习，您可以带走一本《傅山故事》，展开书卷与那位百年前忧愁国运的老人邂逅，随意与园中人交谈，聆听几则傅山先生的趣味逸事。傅山先生百年风雨人生，或是治病救人，或是巧方妙用，他可俯首为民，亦可昂首卫国；他有铮铮傲骨，亦有医者仁心。在傅山园中，有专门展馆展出傅山的绘画、书法以及诗文，笔墨流转间将百年的尘埃拂去，引领游客与傅山更近距离的相会。物质交流更与精神交流并重，傅山的养生食疗的"八珍汤"即"头脑"、稍梅、帽合、汾酒竹叶青、傅山牌老月饼、傅山老元宵、傅山烤馍（含燕燕），傅山牌"五香粉"、傅山醋等种类繁多的山西名吃邀您品尝，而这些名吃更成为古老历史名省山西的一张美食名片，唇齿留香间，说尽山西好风光。

《傅山进京》自2007年观众见面后，每场演出都引起强烈的轰动和反响。傅山的爱国，不是"我以我血荐轩辕"的莽直刚烈，义无反顾，而是坚守着一个文人的最后底线，但求真知，莫问前路。他怀揣着对民族对国家的责任与忠诚，放弃千金裘舍去五花马，且暂放鹿贫寒间。他的满腹才学没有卖于破关而入，迫使民众剪发易俗的满清帝王家，而是选择颠沛流离，一箪食一瓢饮以自足。他是贫困潦倒的文人，食不果腹依旧苦研传统文化，恰如他所言，"心怀天下着意拼，宁为气节轻生死，不可文脉断了根"。《傅山进京》正是选取傅山人生中的一段故事，谱写为平淡下波涛壮烈的戏剧展现到观众眼前。而《傅山进京》的全世界巡演，让傅山走进了千家万户，为傅山拳法的传承起到了推广的作用。

2. 傅山拳法的发展空间

傅山在其他方面太过突出的贡献，掩盖了其在武术养生方面的卓越成绩，试想，傅山如没有好的身体，没有一套完整的锻炼身体的方法，又该如何实现自己的人生抱负？傅山携子南下，更让我们相信，他是一位身怀武学的高人，正如梁羽生笔下的傅青主，博学奇才、仙风道骨、至情至性，在医学和武学上都有精湛的造诣。

我们将以傅山先生的知名度为前提，将傅山拳法展现到世人面前。那么，就要在中华傅山园区开辟出一个习武的场馆，而不是仅仅在园区前的广场，因为广场武术锻炼受天气的影响，也将武术低消费化，成为武术市场化开发的一个障碍，目前，拳武院正在建设中，希望拳武院的建设可以考虑提供训练场所的功能。

园区可聘请傅山拳法传人张希贵老师亲临授拳，或由张希贵老师亲传弟子担任专职的傅山拳法教练，让傅山文化园成为一个习练傅山拳法的一个阵地，特别是休息日或每天晨练时，有专业练习的场地和教拳的老师，在晨练基础上将傅山拳法产业化，推广俱乐部和高级会员的形式，常年开放招生，不限时训练，不限年龄要求，老者健身养生，年龄小的先从武术基本功练习开始，着重培养傅山拳法的传承人。

对中华傅山园区周边住户采取免费授拳的方式，在尖草坪区开展傅山拳免费进校园的活动，扩大傅山拳法在当地的影响力，加强傅山拳的宣传力度，让当地人在习练过程中切身受益，强身健体，形成良好的口碑，扩大习练傅山拳法的人群，加大孩子们学拳练拳的支持力度，形成尖草坪区人人会傅山拳、人人练傅山拳、随处可见练傅山拳的情景，人们乐于练拳，乐于谈拳，乐于推广的现象，让更多的人因傅山拳练习而获得健康，获得身心的平和，获得人与自然的和谐。吸引更多的，不同地区和国家的人前来习练傅山拳法，形成具有一定的规模的傅山拳法产业化的发展。

将中华傅山园打造成傅山拳法的发源地和根据地。只要想学傅山拳法，就到中华傅山园的共识。有志之士可以利用自己的时间，随时到傅山文化园区学练傅山拳法。而不必因消息不灵通错过每年三至五天的傅山拳法培训班而遗憾，更有利于傅山拳法的传播，不断扩大傅山拳法习练人群，将会提升中华傅山园的影响力度并给周边群众带来一定的经济收益。

（二）利用傅山拳法的传播弘扬传统文化

1. 傅山拳法遵循道法自然的哲学基础

傅山拳法讲究"道法自然"，《霜红龛集》卷三十八中记载"凡事天胜，天不可欺，人纯天矣。不习于人，而自欺以天，天悬空造不得也。人者，天之便也，勤而引之，天不深也"。人与自然是一个统一的整体，只有遵循自然规律，才能为我所用，即所谓的天人合一，"宁拙毋巧；宁丑毋媚；宁支离，毋轻滑；宁直率，毋安排"。拳法注重内外兼修，上动下随，下动上领，上下齐动，中部顺应。以腰为轴，以内导外，内牵动脏腑，外练习形体，一动而无有不动。四肢百骸，脏腑诸器，筋络肌肤，均根据人的生理机制，内外相连。以意领气，以气运身，呼吸自然，不强呼吸，不偏不倚，连绵不断，势势相关，招招顺乎人体的自然，协调统一，相互促进，全面发展。

傅山拳法是一种顺应人体自然状态和自然规律而引发自然之力的一套拳法，它通过一种整体修炼的方法强化人体本能，拓展人体潜能，使人体的内三合和外三合都达到高度的统一。

2. 傅山拳法建立在阴阳哲学基础上

阴阳哲学是中国传统文化的一部分。傅山认为人之生命体是阴阳对立统一体。他说："天，一也；阴阳，二也。阴有阴理，阳有阳理。阴不欲无阳，阳不欲无阴。"阴盛则引阳，阳盛则引阴，从阴阳则生，逆之则死。人体内为阴，外为阳；上为阳，下为阴，傅山在《霜红龛集》卷三十七《杂记》中提出：五脏属阴，六腑属阳。傅山提出的平阴阳，并吸取了张景岳提出：命门总乎两肾，两肾皆属于命门的思想。养生之道法于阴阳，和于术数，顺应四时。心肾水火的关系。

拳法的创编理念"命门与两肾均有水火，命门本身即构成一太极，太极之中阴阳水火兼备，因命门以火为主，……两肾以水为主"。在傅山拳练习中，更注重以腰为轴，上下、进退、左右、升降、练习时动而生阳，动极而静，静而生阴，静极复动，一动一静，互为其根。动则刚，静则柔，欲刚先柔，用柔则刚，以柔克刚，以刚克柔，刚柔相济，攻守自如。生命由形体和精气相结合，身是命之所依，傅山拳法练习除加强腰部神经的锻炼，起到强肾壮腰，水火相济的养生目的外，它还是一套内养功法的拳术。

傅山拳是一套道家拳，也是一套哲学拳。其动作创编讲究阴阳平衡，有左势动作就有右势动作，如左右甩手，左右春风摆柳、左右搂打腾风、左右推窗望月、左右蹬脚等，让人体通过练习后达到科学的和全面的锻炼。

3. 傅山"经世致用"思想的最好体现

《素问·四气调神大论》提出："是故圣人不治已病治未病，不治已乱治未乱……"古有"不知易不可以言医，不知医易不足以明拳法。"傅山先生学问渊博，精实纯粹，而又隐于医，傅山拳便是先生学必有用，用必有效的一套强身健体便于推广的拳术。

傅山拳法以柔为主，以刚为辅，可达大小周天、可疏奇经八脉，是一套完整的养生长寿拳。傅山拳法中的歌诀中说："气宜鼓荡托衣势，海东飞采献三元。炼罢六路子午拳，玄根九转势还原。"①

傅山拳练习时，宁神静心，以意领气，意到气到，通过拳法的练习，将气引导至下丹田，达到以神领气，以气养神强体。傅山先生认为"精气是人体最胜大药"。通过练拳达到后天补先天，长养浩然之正气，正气存之，邪不可干，提高人体自身的免疫能力。

傅山先生曾"教人用打坐（静坐）的方法治好了肺痨"②。在顺治四年，因僧人在山上，寒湿体弱，傅山在石膏山天空寺传授养生之方法，便是傅山拳法。"对一些体弱多病者，则传于子午太极拳法，运动肢体，调之呼吸，促进运化，疏导经络，豁达脏腑，强健筋骨。"③ 傅山先生将拳法用于治病救人之良方，常教病人一两个动作，经常练习不三月而自愈。

（三）为建设山西省文化强省再创新的品牌

傅山先生一生精力都在传承中华历史文化上，在诸多学术领域孜孜以求不断钻研，对国家对老百姓，他始终坚信，只要文化不亡，国就不会灭亡，并提出"志正体直，书法通于射也"的观点，他认为身不正则学问不正，学不正则字不成。孟子言："我善养吾浩然之气。""是集义所生者，非义袭而取之也。"恰是傅山先生一生展现在我们面前的"富贵不能淫，贫贱不能移，威武不能屈。"的民族精神。

党的十八大以来，习近平总书记提出，实现中华民族伟大复兴

---

① 张希贵：《傅山学论》，三晋出版社 2013 年版，第 98 页。
② 周蓉：《略论傅山的医学业绩与重要贡献》，《山西中医》2011 年第 9 期。
③ 张希贵：《傅山拳法》，三晋出版社 2013 年版，第 14 页。

中国梦的奋斗目标，实现目标必须坚持不懈的走中国道路，大力弘扬以爱国主义为核心的民族精神，一个民族的复兴，是以民族文化的复兴和民族精神的崛起为先导。实现中华民族伟大复兴的中国梦，需要民族文化繁荣兴盛。文化是民族的血脉，是精神的载体，精神是民族的灵魂。

傅山先生的家国情怀，民族大义，正是我们当今应当弘扬和学习的。正如冯骥才先生所讲："传承人所传的不仅仅是一种技艺，更重要的一是代代先人们的生活情感，他让我们感知到了古老而未眠的灵魂。"所以，中华傅山园应将傅山遗留下的非物质文化遗产，进行全面的系统的整理和挖掘，进入傅山文化园就如同走进傅山的世界，超越时空的距离，可以让游园者感知和体验到傅山伟大的一生和对人类做出的巨大贡献。

2016年11月4日山西省第十一次党代会提出山西省建设目标是："坚定文化自信，建设文化强省。"建立文化强省成为我省文化建设的战略目标。建设文化强省，是一项系列工程，文化传承中，保护与开发是永恒的主题。文化是创造出来的，是习得的，不是经由人的生物属性遗传而来的，是依赖于人为代际来传承的。这种传承需要适宜的环境，如人文环境、自然的环境、教育环境等。文化要传承必须与时俱进，因为文化究根结底是为活人服务的。文化遗产不可复制，亦不能再造，做好保护才能更好地造福于民，传之于后代。为建设山西省成为文化强省再创傅山文化园又一新的品牌，集傅山食疗、养生、武术、书画为一体的活生生的可体验和感知的文化传承。

五　傅山拳法的修习境界

（一）重视武德，提高修养

首先要陶冶情操，磨砺意志。这是保持意静神宁、气机和畅的关键。"未曾学艺先学礼，未曾习武先习德"练武要有武德，人人皆知，也是习武者应遵守的最基本的道德规范和行为准则，如明代太祖拳有三不传：不忠不孝者不传；不仁不义者不传；不知珍重者不传。礼、智、信、勇是习武者的处事之本，习武者应以德为本、以和为贵并加强自身文化的修养，探求傅山拳法之精髓。以傅山拳法而言，立身中正，不偏不倚，一身浩然之正气，刚柔相济，能容能忍，遇事不慌，顺境时淡然，逆境时坦然，不斗殴逞，欺负弱小。

其次要心胸开阔，宽宏大度。这是保持内心愉快、气血通畅的关键。傅山拳法博大精深，理精法密，哲理性强，从拳理到拳架，从拳架到用法，处处都离不开阴阳学说，离不开传统兵法，离不开传统医学和人体力学。每个习拳者不仅在实践中磨炼，而且更需要在其理论上下功夫。《太极拳图说》中讲："学太极拳，必先读书，书理明白，学拳自然容易。"一名习拳者必须重视拳理的学习，多掌握文化知识，树立正确的习武观，涵养心性，守公德，立人品，从师德，明拳理，做事光明磊落，公道正派，淡泊名利，强身健体，造福社会。

只有这样才能学好和掌握傅山拳的真谛；才能在练功中培养自己高尚的道德情操；才能在日常各种行为中顺就自然之性，承受自然界中道之深化。

（二）顺其自然，持之以恒

傅山拳法是一种顺应人体自然状态、自然规律而引发自然之力的体育运动。它通过一种特殊的整体修炼过程和强化人体本能，拓展人体潜能，使身心两个方面都达到高层次平衡和自由。其目的是使全身肌肉、韧带、骨骼以及各脏腑器官顺从意念之需要，实现既协调又有序，既迅速又灵活，既轻柔又有弹力的屈伸开合，任其自由的一种理想境界。

若想达到上述境界，不但需要有一个长期而艰苦复杂的训练过程，还要有持之以恒地勤学苦练，要耐得住寂寞，潜心钻研，绝不能三心二意。习练傅山拳法要在名师的正确指导下掌握科学的锻炼方法，能吃苦耐劳，从难从严，高标准，严要求，一步一步夯实基本功，在熟练掌握拳架的基础上，领悟拳理和境界。在练中思，在思中悟。不断实践，不断反思，不断提高。将人之躯体动作与意念精神融会贯通后，才能体会出傅山拳法的精妙之法。

（三）循序渐进，稳步提升

傅山拳法是一种寓科学性、功能性、全身性和自然性于一体的整体运动，动蕴阴阳之理，静藏顾打之机。不能急于求成，在初学时应遵守循序渐进的原则，努力使拳架符合要求，有计划、有步骤地巩固和提高。做到一听二看三悟四练。听：要全神贯注听教练讲，使要领入心入脑；看：就是专心致志看老师演示的每一动作细节；悟：就是领悟动作要领和注意事项，以及教练示范过程中身、眼、手、法、步的协调配合；练：就是听懂了，看会了，领悟了，记住了，然后就是反复练习，边练边增加记忆，边练边悟其意；要在练中学习，练中总结，练中提高。在巩固熟练到自动化阶段，要循规蹈矩，由易到难，由浅入深，由简到繁，由慢到快，由少到多，逐步达到纯熟流畅，意、气、形协调，动作每招每式均得要领，既不受其羁绊，又符合规矩法度，不失尺寸标准，既在合乎法规范畴内，不违背拳理，又方法得当，在动作规范的前提下，求得自身拳架工整、纯熟、自然，虚心向老师请教，刻苦用功，一招一式不受束缚，反复练习，持之以恒，浑然成为一体，无始无终，必然会受益终生。

（四）性命双修，养练结合

傅山拳是哲学拳，是道家拳，是中国文化的体现，在练习时必须做到"拳法、功法、养生法"三者的结合。讲究性命双修，即人体得到全面的、科学的锻炼。

首先要注意动作的练习，即盘架子，盘架子如同书法的正楷，只有正楷练好了将来草书、行书、隶书等才会写得好，才会写得出神入化，而傅山拳的"形""意"才能达到最高境界。

其次要注意气息的练习，修炼人体自身的精、气、神，即呼吸与动作的和谐配合。傅山拳属于内家拳，内家拳要求"气沉丹田"，有意地运用腹式呼吸，加大呼吸深度。要求静中求动，动中求静，动静结合，内外兼修，既练身，又练气，身心并重。从心入手，在大脑特别安静的状态下，目不旁视，心不他用，屏除杂念，以"静"清"浊"，以心（意）行气，以气运身；精神和机体全部放松，专心致志地提神、运身、行气，打拳才会"行云流水"，"势如长江大海，滔滔不绝"。与天地对接，与自然往返，清风明月浸润身心，私心妄念随风飘散。心意空静直抵虚领，内气鼓荡物我两忘。促使身体血脉流通，使新陈代谢加快。达到健身防病、强身健体和提神之目的。行拳走架中，只要做到身法正、上下随、意气通，练拳水平就会上一个新台阶。

养练结合，形神共养，内以益寿养生，外以强身御敌。"三分练，七分养"，相辅相成，同为整体。练是耗能，是输出，是人养拳；养是储蓄，是输入，是拳养人。每个习拳者，均应懂得其辩证统一的哲理，顺其自然规律和特点，采取养练结合的方法，达到内外双修，身心平衡，阴阳协调，延年益寿之目的。

六　傅山拳法练功要诀

傅山拳法练习如何做到："不欲修，修自来；不求养，养自成。"要求在练习时做到松、静、自然。

（一）松

"松"的含义有三个方面：第一是指紧张的大脑皮层，思想情绪要放松；第二是指周身的关节，特别是腰、颈椎、肩头要放松；第三是指内脏要放松。放松是一种不紧张的状态，不能理解为松垮，放松全身没有一处不舒服。身体放松到哪一个部位，便感到哪一个部位的肌肉好像在松开，骨骼部分好像只剩下一副架子，肌肉很安稳地附在上面，血液在体内循环，似乎感觉到它在静静地流淌。再进一步全身好像融化了一般，感觉到了一种说不出的愉悦和安静。

要做到周身关节、肌肉放松，在练功前最好去掉束缚身体的东西，不要进行剧烈地体力活动和体育运动。

要想做到内脏松，就必须注意饮食，不要吃得过多过饱，节食是关键。

（二）静

"静"也有三个方面：

第一环境要相对安静；

第二身体的本身要清静；

第三练功的意念要静。

静一般要经过七个过程：

安静：把所有杂念、矛盾都排除出去，安下心来练功；

宁静：主要想高兴的事，感到非常轻松自然，渐渐地进入了一种很安宁的状态。

平静：让呼吸平静下来，使自己处在一种非常心平气和的平静状态；

定静：在练功时出现繁杂的思想、想法要很快收回来，如果在练功过程中，脑海里突然出现了景物，听到了声音也要把它定在体内，不要轻易抛开它。

虚静：这时出了模模糊糊、渺渺茫茫的状态，云里来雾里去，连自己的身体也不知道在哪儿了，好像自己身体虚空了，不存在了。

真静：虚无缥缈过去，才真正进入了真静的状态，在真静阶段，感觉周围什么都是虚的，但这种感觉又是真的。

灵静：进入灵静，就好像自己到了另一个天地了，一切都好像不存在，甚至连自己在什么地方练功都不太清楚，但对周围环境、信号又非常敏感，反应也非常灵敏。

再一个是本性要清静，也就是要清除自身的"垃圾"，包括尽量清除肺内混浊的二氧化碳，清除胃肠里的糟粕，排净大小便，清除疲劳引起的肌酸代谢产物，一般人只注重环境相对的静和意念静，而忽略了本体的清静，这一点一定要注意。"三静"哪一静缺了都不能真正的静下来。可以采用"以一念代万念"的方法，如想一个事物，一个目标，一个声音，一个图像，一个文字，一句话，一件美好的事情等，都可以让你很快地静下来，练功有素的人一下子就可以静下来。

（三）自然

练习傅山拳法时，遵循自然规律，达到天人合一。我国古代贤哲们在长期观察探索宇宙奥秘时，发现宇宙各个星球都在发射能量，同时也在相互吸收能量，以此来维持宇宙的阴阳平衡，先贤们还发现太阳和月亮对地球的影响力度大，其次是金、木、水、火、土五大行星。

地球到夏至以后，开始吸收日、月和宇宙其他星球的能量，到冬至时吸收到地心，然后渐渐外放。所以古书上说：冬至一阳初生，夏至一阴初生。故在大雪、冬至时，地球外表是十分寒冷的，只有在地心处，有阳气潜藏，因地球自夏至后就开始吸收宇宙能量，并把能量吸至地心。所以冬至地下水（井水）是热的。从人体来看，在冬至的时候，人体也是外冷而内温，从养生角度来讲，冬天吃些冷的食品，反而对人体有益。

从练功来说，人体的先天一阳真气潜于腹中之下丹田，如果不加修炼，此一点真阳之气将永远被埋藏，并随着人死而物化，无法发挥其积极作用。因此修炼之要是必须首先修炼潜藏在人体腹中的一阳之真气，待气机强大后，自然会发动气机延督脉而上升，这也是修持者入门的第一门径，也是筑基功夫的必修之课。

七　傅山拳法修习方法

（一）座盘功

双腿盘坐手握固，凝气冥思心神定。

恬淡虚无回母腹，神厥吐纳行坎炁。

至道至精寂寂冥，至道至极昏昏默。

（二）无极桩

无极太极立无形，顶顶松肩吾忘我。

神守谷道马栓粪，虚无随息感悟中。

炁虚气盈百脉流，真香一支道自然。

（三）启七星十三式

金蟑脱袍肢拉起，左盼右顾两仪生。

开合抱球乱砸衣，搂膝跃步蹈罡步。

禹步交前蹬阳明，身形内合虚领颈。

引手单鞭弓张射，左右拔云合上势。

摆手运合鹤亮翅，左搂跃步迎身影。

手挥琵琶指引劲，虚步足点观风云。

搂膝跃步随顺势，步蹈罡步三角劲。

手按琵琶紧相随，摆擂八步追矢翯。

如封似闭闪追拳，十字四正划圆满。

收形归源行气定，太极二仪归无极。

八　傅山拳法拳谱

（一）傅山拳法简化一路

起势

1. 双挂金钩（马步抱掌）

2. 金龙合口（抡臂抱掌）

3. 左右甩手（弓步分掌）

4. 怀中抱月（虚步抱掌）

5. 石郎反撞1（歇步按掌）

6. 石郎反撞2（弓步盖拳）

7. 闭门推扇1（弓步捶）

8. 闭门推扇2（翻掌双推）

9. 黄龙转身1（马步抱掌）

10. 黄龙转身2（虚步按掌）

11. 推门闭扇1（弓步上捧）

12. 推门闭扇2（上步扑按）

13. 童子拜老庄（马步合手）

14. 道人行礼（并步立掌）

并步收势。

（二）傅山拳法简化二路

起势

1. 双挂金钩（马步抱掌）

2. 金龙合口1（抡臂抱掌）

3. 金龙合口2（上托下抱）

4. 旋转乾坤（马步抱球）

5. 勾挂十字掌（虚步十字手）

6. 搂打腾风 1（左搂膝打掌）

7. 搂打腾风 2（右搂膝打掌）

8. 七星势（跟步十字拳）

9. 樵夫担柴（前后冲拳）

10. 巧女认针（上步冲拳）

11. 推窗望月（歇步架推掌）

12. 伏虎式（弓步盘肘）

13. 白鹅单展翅（虚步亮掌）

14. 提膝十字掌（提膝上穿掌、弓步平拳）

15. 丁盖炮（提膝上钻拳）

16. 猴王坐殿左式 1（马步摇掌）

17. 猴王坐殿 2（虚步分掌）

18. 猴王坐殿右式 3（马步摇掌）

19. 猴王坐殿 4（虚步分掌）

20. 白蛇吐信 1（左右仰掌上穿）

21. 白蛇吐信 2（左右剑指下穿）

22. 黄蜂出洞（跟步劈掌）

23. 怀中抱月（右虚步抱掌）

24. 玉女穿梭（弓步架推掌）

25. 魁星戏斗 1（摆步右抨手）

26. 魁星戏斗 2（合步托掌）

27. 魁星戏斗 3（转身歇步亮掌）

28. 怀中抱月（左虚步抱掌）

29. 狮子抖毛（马步摇臂）

30. 金龙合口（马步抱掌）

31. 道人行礼（并步立掌）

32. 正本还原（退步收势）

（三）傅山拳法简化三路

无极势（预备式）

1. 起势

2. 双挂金钩

3. 金龙合口

4. 勾挂十字掌

5. 搂打腾风

6. 石朗反撞

7. 推门闭扇

8. 黄龙转身

9. 箭矢鹞鹏

10. 推窗望月

11. 白鹅单展翅

12. 提膝十字掌

13. 丁盖炮

14. 猴王坐殿

15. 铁门闩

16. 顺手单鞭

17. 推门闭扇

18. 童子拜老庄

19. 挡手走势

20. 顺势单鞭

21. 高探马

22. 推窗望月

23. 左地锦

24. 腾风拍脚

25. 石郎反撞

26. 左右蹬脚

27. 搂打栽捶

28. 推窗望月

29. 左春风摆柳

30. 右春风摆柳

31. 掤粘击捶

32. 滚手栽捶

33. 左右连环腿

34. 左右展翅

35. 狮子抖毛

36. 托掌粘拳

37. 狮子抖毛

38. 秦王大立碑（右）

39. 金鸡独立（左）

40. 黄龙转身

41. 白蛇吐信

42. 黄蜂出洞

43. 抱月势

44. 魁星戏斗

45. 青龙探爪

46. 拴马势

47. 双峰贯耳

48. 插花盖顶

49. 黄龙转身

50. 左蹬脚

51. 左右搂打腾风

52. 七星势

53. 冲天炮

54. 翻身连环拳

55. 甩手转身

56. 摆莲

57. 左推移

58. 右推移

59. 托衣势

60. 右甩手

61. 托衣势

62. 左甩手

63. 采献三元

64. 收势

九　傅山拳法歌诀（子午太极拳歌诀）

子午太极傅山传，寻源究底五峰山；

起势无极桩来站，大小周天气运转；

双挂金钩势为中，金龙合口两仪分；

凤凰开膀左展翅，再展右翅两相分；

圣人拱手上下引，怀中抱月妙在空；

推门闭扇进右步，金龙合口紧相跟；

白鹤亮翅提右膝，指头盖面抱月中；

勾挂十字掌一起，搂打腾枫左右行；

石郎反撞小擒打，推门闭扇左进步；

黄龙转身中抱月，三叠箭步势拉弓；

推窗望月连二次，推门闭扇紧相跟；

白鹤单展须左右，丁盖二炮连珠动；

穿掌退步势应变，猴王坐殿退步行；

铁门闩推窗望月，拗单鞭专打前胸；

推门闭扇进两步，回马勾手拜太清；

挡手走势浑元功，顺势单鞭前后分；

高探马推窗望月，卷地锦搂打腾枫；

右拍脚天下莫敌，左拍脚叫人胆惊；

埋伏势石郎反撞，左右蹬誓不容情；

打腾枫滚手栽捶，拗单鞭丁盖冲锋；

巧女认针右转身，推窗望月拗步跟；

春风摆柳双打虎，道人何时被虎惊；

左掤拈、右掤拈，怀中抱月龙虎藏；

白鹅朝凤双展翅，甩手走势三花聚；

玉女穿梭走四角，阴符阳火育精气；

上步掤拈暗击捶，进步滚手进栽捶；

踩腿转身回马腿，拳谱记载连环腿；

左右展翅凤朝阳，五气朝元性宫安；

双托掌纵步拈拳，连环炮左右击肘；

双撑掌狮子抖毛，入气穴调息存生；

两辰相移去心火，回身秦王大立碑；

掘地龙金鸡独立，龙转身白蛇吐信；

叶底藏花紧随跟，黄蜂出洞刺前心；

怀中抱月打腾枫，甩手走势龙戏凤；

转身腾枫魁戏斗，青龙探爪狮张口；

转身挂面腾枫势，狮撞金门纵步跟；

撞腿踩脚金刚捶，十字闯膀冲炮追；

转身猴王来坐殿，回身提膝拴马势；

双峰贯耳应两次，插花盖顶左右蹬；

搂打腾枫分左右，上步七星拗步进；

顺手单鞭冲天炮，翻身连环掌变拳；

穿掌转身双摆莲，窝弓待虎击胸前；

左右推移润成丹，行气有如九曲珠；

气宜鼓荡托衣势，海东飞采献三元；

炼罢六路子午拳，玄根九转势还原。

附　　录

傅山拳法简化一路图解说明

预备式：无极势（并步站立）

动作：面朝南站立，身体自然直立，两脚并拢，两手自然下垂，两腿自然伸直。眼视前方（图1）。

图1

要求：预备式身体自然直立，全身放松，两臂自然下垂，手指微屈，两手垂于大腿外侧。头颈正直，虚领顶劲，下颏微收，口闭齿扣，舌抵上腭，意守丹田，表情自然，精神集中，呼吸自然。

起势

1. 上步举臂

重心右移，右腿微屈，左脚向正前上一步；同时两臂缓缓侧平举，掌心向下，与肩同高。眼视前方（图2）。

图 2

2. 并步合掌

左脚踩实，重心左移，右脚从外向里画弧至左脚旁，两脚并步站立，脚尖向前，两膝微屈；同时两臂内合至前平举，掌心向下与肩同高，与肩同宽。眼视前方（图3）。

图 3

3. 并步按掌

两膝慢慢直立；同时两臂屈肘下按至腹前。眼视前方（图4）。

图4

要求：身体上下相随，移重心上步时两臂同时侧起，左脚上步要轻，脚跟先着地；右脚上步时划弧，从外向里，紧贴地面，如前扫腿。

一 双挂金钩（马步抱掌）

1. 并步举臂

重心左移，左膝微屈，右脚尖点地；同时两臂微内旋再外旋至侧平举，掌心向上，与肩同高。眼视前方（图5）。

图 5

2. 马步抱掌

接上动，重心缓缓下移，两臂内收至胸前（图6）。

图6

接上，右脚向右迈一步，右脚尖点地；同时，两臂屈肘折腕两掌变勾，从两腋下向后穿出，眼视前方（图7）。

图7

　　重心移至两脚之间，身体徐徐上领，两臂外旋两掌心向前内合，与胸同高，掌心向里，掌指相对似抱球状；同时身体慢慢下蹲，成马步。眼视前方（图8）。

图8

3. 马步托掌

两掌自胸前内旋外翻上托，至额前上方，掌心斜向上，大拇指一侧斜向下，掌指斜相对；同时身体徐徐领起，眼视两掌（图9）。

图 9

4. 马步抱掌

接上动，两手向下经左右两侧划弧，似抱球于胸前，掌指相对，掌心向里；同时身体慢慢下蹲，成马步，眼视前方（图10）。

图10

要点：两手抱球时，沉肩坠肘，略含掤劲。马步要注意屈髋收臀，圆裆，头顶与会阴成一垂线，身体保持中正，高低可依自己的情况而定。

二 金龙合口（抢臂抱掌）

1. 开步举臂

两臂放松，两肘自然下垂，与肩同宽，两掌掌心向里，掌指向上。眼视两掌（图11）。

图 11

接上动，塌腕两掌外旋至两掌指分别指向左右两侧，与耳同高。眼视前方（图12）。

图 12

　　继续上动不停，两掌内旋，两肘外翻，两掌上托，掌心斜向上，大拇指一侧斜向下，掌指斜相对；同时身体徐徐上领。眼视两掌（图13）。

图 13

2. 马步抱掌

接上动，两手向下经左右两侧划弧，似抱球于胸前，掌指相对，掌心朝里；同时身体慢慢下蹲，成马步，眼视前方（图14）。

图14

要点：两手内旋、外旋及重心的蹲、起均应绵缓，连绵不断；两手上托时，气下沉，勿挺胸、塌腰。下沉时，两肩放松，手、腕、肘、背要撑圆，略含掤劲。呼吸自然。

三 左右甩手（弓步分掌）

1. 抱手收脚

重心向左，右脚尖内扣，重心右移，左脚收至右脚内侧，脚尖点地，重心在右；同时，右臂屈抱于右胸前，手高不过肩，肘略低于手，手心向下。左臂屈抱于腹前，手心向上，两手上下相对，如在右肋前抱球状。眼视右手（图15）。

图 15

2. 弓步分手

上体微左转，左脚向左前方迈出一步，脚跟轻轻着地，身体重心随之前移成左弓步；同时，左手自丹田向左前上方分出，手背朝前，虎口向上，高于肩平。右手从胸前向右下按至右胯旁，手心向下，指尖朝前，两臂微屈。眼视左掌（图16）。

图 16

3. 转体抹掌

左脚尖外展，重心前移；同时右掌从左掌上平抹划弧。眼视右掌（图 17）。

图 17

4. 抱手收脚

上动不停，重心继续前移，右脚收至左脚内侧，脚尖点地，重心在左。同时，右手掌心向上至身体左侧，与丹田同高；左掌收至腹前继续向上翻转划弧收至左胸前，掌心向下，两手上下相对，如在左肋前抱球状；眼视左手（图18）。

图 18

5. 弓步分手

上体微右转，右脚向右前方迈出一步，脚跟轻轻着地，身体重心随之前移，成右弓步；同时右手自丹田向右前上方分出，手背朝前，虎口向上，高于肩平。左手从胸前向左下按至左胯旁，手心向下，指尖朝前，两臂微屈。眼视右掌（图19）。

图 19

要点：动作以腰为轴旋转，以肩牵臂，以臂催手随之转动；松腰松胯，力求轻灵、自然、舒展。弓步时上体保持中正，两脚左右横向距离10—15厘米，上步时要注意重心的平稳。

四　怀中抱月（虚步抱掌）

1. 跟步搭手

重心前移，左脚向前收拢半步，脚前掌轻落于右脚后，与右脚相距约一脚的距离；左掌外旋前伸至右掌上，左手上右手下，掌心均朝上，两掌重叠；眼视两掌（图20）。

图20

2. 后坐收手

重心后移，左脚踏实；同时两掌下落至腹前，向两侧打开再内旋向上画弧至耳侧，两掌心斜相对，掌指向上，虎口对耳；眼视前方（图21）。

图21

3. 虚步合手

重心落在左腿上，右脚稍前移，脚跟点地，脚尖上翘，成右虚步；两臂内合前推，右前左后，两掌指均斜向上，右掌中指与鼻尖同高，掌心向左。左掌与右肘相对，距右肘约10厘米，掌心向右，两臂犹如抱琵琶的样子，眼视右手（图22）。

图22

要点：两臂应半屈成弧，舒展圆满。同时顶头竖脊，松腰沉气，屈腿落胯，气势饱满。

五 石郎反撞1（歇步按掌）

1. 歇步按掌

右脚以脚跟为轴，左脚以前脚掌为轴右转，两腿屈膝下蹲成半歇步；同时，两掌内旋，经中向下按到腹前，手指相对，掌心朝下。眼视前方（图23）。

图 23

2. 左弓步搂推

上动不停，身体继续右转，重心右移，左脚收至右脚旁；同时，左手随之收至右肩前，掌心向下，右手向右后方外旋画弧线伸直，掌心向上。眼视右掌（图24）。

图24

　　左脚经右脚内侧向正前方迈步，身体重心前移成左弓步；同时，右臂屈肘内收，掌心斜向前，虎口对耳，向前方推出，舒指坐腕，指尖与鼻尖相对，掌心向前，指尖向上。左手经左膝前向左搂过，按于左腿外侧，掌心向下，指尖向前。眼视右手（图25）。

图 25

　　要点：歇步不要太低，右脚尖外撇后再下蹲；同时眼随右手，左搂右推，上下相随，上步时脚跟先着地，再过渡到全脚着地，两脚左右横向距离30厘米左右。

六 石郎反撞2（弓步盖拳）

1. 右弓步挤拳

重心后移，左脚尖外撇，身体微左旋，右脚经左脚内侧向正前方迈步，身体重心前移成右弓步，身微右旋右掌变拳，外旋向前挤出，拳心朝里，高与胸平，肘部微屈；左手搭在右手腕内侧，一起向前方挤出。眼视右拳（图26）。

图26

2. 转体收拳

上体右转，重心前移，左脚跟提起徐徐收至右脚旁，左脚尖点地；右臂内旋回收拳心向下，收至腰间时再外旋拳眼向上；左掌随之收至右拳旁，掌指向上，掌心斜向后。眼视两手（图27）。

图27

要点：拳的旋拧要顺畅圆活，走弧线，眼随右拳，以腰带动。上弓步时，两脚左右横向距离10—15厘米。

七　闭门推扇 1（弓步捶）

左脚向前上步，脚跟着地，重心前移成左弓步；同时右拳从腰间向正前打出，与胸同高，肘微屈，拳心向左，拳眼向上。左手微收，掌指附于右前臂内侧，掌心向右。眼视右拳（图28）。

图28

要点：上步与冲拳相随，身体中正，两脚左右横向距离10厘米左右。

八 闭门推扇 2（翻掌双推）

1. 后坐十字掌

身体重心后坐于右腿上，左脚尖离地；同时左手沿右前臂下方穿出外旋，掌心朝上，右拳变掌两手交叉，右上左下，收至胸前。眼视前方（图29）。

图29

2. 弓步双推掌

身体重心前移成左弓步；同时两掌收至胸前，内旋两掌与肩同宽掌心斜向前，由胸前向前方推出，与肩同宽，腕高与肩平，舒指坐腕，掌心向前，眼视前方（图30）。

图 30

要点：后坐、推掌保持身体中正，命门向后；双推掌走弧线，以指领劲，再坐腕、推掌。

九　黄龙转身 1（马步抱掌）

1. 转身十字掌

身体右转，右脚尖外撇，脚尖面向正前方，身体重心移至右腿上；同时两掌胸前交叉，左掌搭右掌手腕处，掌心均向前。眼视前方（图31）。

图 31

2. 转身交叉掌

上动不停，重心继续右移，左脚经右脚旁从里向外画弧，两脚之间约三脚或三脚半的距离；同时两手向上经额头向两侧打开至侧平举。眼视正前方（图32）。

图32

3. 马步抱掌

上动不停，重心慢慢下落，成马步；同时两掌外旋向胸前内合，与胸同高，掌心向里，掌指相对似抱球状。眼视前方（图33）。

图33

要求：左腿贴地面由里向外画弧。两臂走弧线要力求绵缓、舒展，胸前抱球，要含掤劲。

十　黄龙转身 2（虚步按掌）

重心右移，左脚尖里扣，重心移至左腿，身体右转，右脚稍前移，前脚掌着地，成右虚步；同时双掌内旋翻掌按至腹前，掌心向下，掌指相对，眼视前方（图 34）。

图 34

要求：重心移动分明，左脚里扣 45 度。两掌下按略含掤劲，两臂撑圆，气沉丹田。

十一 推门闭扇 1（弓步上捧）

上动不停，右脚向前迈一步，重心前移成右弓步；同时，两手掌外旋画弧收至腰间掌心朝上，眼视前方（图 35）。

图 35

双手从腰间向正前方斜插出，掌心向上，高与胸平，两掌之间与肩同宽，眼看双掌（图36）。

图36

要求：眼随手，插掌与上步协调配合，两脚之间横向距离10—15厘米，手到脚到，上下相随。

十二　推门闭扇 2（上步扑按）

1. 丁步收掌

重心右移，左脚收回右脚旁，脚跟离地，脚尖轻点地成丁步；同时，两臂屈肘内收，掌心向内，两掌指与眉齐。眼看两掌(图 37)。

图 37

2. 弓步推掌

左脚向正前方迈一大步，重心前移成左弓步；同时，两掌内旋下沉经胸前向前推出，与肩同宽，腕与肩同高，两臂微屈，掌心向前，掌指向上；眼视前方（图 38）。

图 38

要求：两掌要平行向前，沿弧线向前推出，坐腕、立掌。上步与推掌协调一致，两脚之间横向距离 10—15 厘米。

十三 童子拜老庄（马步合手）

重心后移，左脚尖外撇，右脚向右侧上步成马步；同时两掌经额前向两侧画弧向外向下至膝关节处时，两掌心向上，掌指相对，眼视两掌（图39）。

图 39

接上动，两手至胸前合十，掌指向上，中指与鼻尖同高。百会上顶，重心随动作起落自然。眼视前方（图40）。

图40

要求：两手走弧线，画圆，十指相合，身体重心可随双手合掌的起落而微微的上下起伏，呼吸自然，依个人情况马步可高可低。

十四 道人行礼（并步立掌）

1. 开步开掌

重心左移，右脚向右侧迈一步，成开步；同时两臂经胸前向两侧打开，成侧平举。眼视前方（图41）。

图41

2. 并步合十

重心右移，收左脚，成并步，两脚尖向前，两腿并拢；同时两手胸前合十，十指相合，掌指向上，中指与鼻尖同高。两膝放松，两脚放平。眼视前方（图42）。

图 42

3. 并步行礼

重心略前移。两掌左下右上，左掌托到右肘尖，左掌掌心向上，与膻中穴同高，右掌变剑指，掌心向左，指尖与鼻尖同高。眼视前方（图43）。

图 43

要求：眼随手，成并步站立。

并步收势

1. 开步开掌

重心左移，开右步，两膝微屈；同时两臂侧平举，眼视前方（图44）。

图44

2. 并步合掌

重心右移，收左脚，成并步，膝关节微屈；同时两臂胸前内合，掌心向下，与胸同高，与肩同宽。眼视前方（图45）。

图45

3. 收势

身体徐徐直立；同时两臂下按至大腿外侧，两手微屈，中指轻贴裤缝。眼视前方（图46）。

图46

要点：重心的起伏与手臂动作协调一致。身体中正，全身放松，意静神舒。呼吸深长，自然，气归丹田。

傅山拳法简化二路图解说明

预备式：无极势（并步站立）

动作：面朝南站立，两脚平行并拢，两手自然下垂，手指伸开、微屈。眼视前方（图1）。

图1

要点：预备式身体站立要自然，全身松静，头颈正直，虚领顶劲，意指百会；唇微闭，齿轻合，舌抵上腭，下腭微内收；两眼平视，意领其视线从正前方由近而远、再由远而近，兼顾左右上下，眼观六路；两耳静听八方，意守丹田；双肩要松沉，两肘下垂，手指朝下，自然伸直；两胯放松，两膝微屈，两腿直而不僵。凝神除杂念，呼吸任自然。

预备式要点，要注意贯穿整个套路。

起势

1. 上步举臂

重心右移，右腿微屈，左脚向正前上一步；同时两臂缓缓侧平举，掌心向下，与肩同高。眼视前方（图2）。

图2

2. 并步合掌

左脚踩实，重心左移，右脚从外向里画弧至左脚旁，两脚并步站立，脚尖向前，两膝微屈；同时两臂内合至前平举，掌心向下与肩同高，与肩同宽。眼视前方（图3）。

图3

3. 并步按掌

两膝慢慢直立；同时两臂屈肘下按至腹前。眼视前方（图4）。

图4

要求：身体上下相随，移重心上步时两臂同时侧起，左脚上步要轻，脚跟先着地；右脚上步时划弧，从外向里，紧贴地面，如前扫腿。

一 双挂金钩（马步抱掌）

1. 并步按掌

两腿微蹲，同时两臂向左右两侧平举，与肩同高，掌心向上。眼视前方（图5）。

图5

2. 马步抱掌

接上动，两臂外旋掌心向上内收至胸前（图6）。

图6

　　接上，右脚向右迈一步，右脚尖点地；同时，两臂屈肘折腕两掌变勾，从两腋下穿出，重心移至两脚之间，身体徐徐上领，两臂继续外旋两掌心向前内合，与胸同高，掌心向里，掌指相对似抱球状；同时身体慢慢下蹲，成马步。眼视前方（图7）。

图7

3. 马步托掌

两掌自胸前内旋外翻上托，至额前上方，手心朝斜上，大拇指一侧朝斜下，手指斜相对；同时身体徐徐领起，眼视两掌（图8）。

图 8

4. 马步抱掌

接上动，两手向外画弧经左右两侧向下划弧，似抱球于胸前，手指相对，手心朝里；同时身体慢慢下蹲，成马步，眼视前方（图9）。

图9

要点：两手抱球时，沉肩坠肘，略带掤劲。马步要注意屈髋收臀，圆裆，头顶与会阴成一垂线，身体保持中正。

二 金龙合口 1（抡臂抱掌）

1. 马步托掌

两掌自胸前内旋外翻上托，至额前上方，手心朝斜上，大拇指一侧朝斜下，手指斜相对；同时身体徐徐领起，眼视两掌(图10)。

图10

2. 马步抱掌

接上动，两手向外画弧经左右两侧向下划弧，似抱球于胸前，手指相对，手心朝里；同时身体慢慢下蹲，成马步，眼视前方（图11）。

图11

三　金龙合口 2（上托下抱）

1. 开步举臂

两肘内收，两臂屈肘上举至脸前，掌心向里，掌指向上。眼视两掌（图12）。

图 12

接上动，塌腕两掌外旋至两掌指分别指向左右两侧，继续上动不停，两肘外翻，两掌指自然内合，上托，掌心斜向上，大拇指一侧斜向下，掌指斜相对；同时身体徐徐上领。眼视两掌（图13）。

图 13

2. 马步抱掌

接上动，两手向外画弧经左右两侧向下划弧，似抱球于胸前，手指相对，手心朝里；同时身体慢慢下蹲，成马步，眼视正前方(图14)。

图14

要点：两手内旋、外旋及重心的蹲、起均应绵缓，连绵不断；两手上托时，气下沉，勿挺胸、塌腰。下沉时，两肩放松，手、腕、肘、背要撑圆，略含掤劲。呼吸自然。

四 旋转乾坤（马步抱球）

1. 马步垂抱掌

左手外旋自左下，经左、向前上划弧，内旋收于胸前，手心朝下，手指向右。右手外旋，经右向下划弧，再向上停于腹前，手心向上，与左手形成垂直抱球状（图15）。

图 15

　　然后左手外旋向下滚动，停于腹前，手心向上；右手内旋向上至胸前，手心向下使两手成抱球状（图16）。

图16

2. 右转身掌

身体右旋，两手呈抱球状随身体转至右侧，左手在上手心朝下，高于鼻平；右手在下，手心朝上置于胯旁，眼看右后方（图17）。

图 17

3. 马步垂抱掌

上动不停，接着身体左旋，左手外旋向左、向下至左胸前，掌心向上，右手向上至右肩前，暂停于胸前，手心朝下，与左手成抱球状（图18）。

图 18

4. 左转身掌

身体继续左旋，两手抱球随体向左后旋转（图19）。

图 19

注意：马步抱掌和左右转身掌是一个似连续抱球滚动的动作，在演练中要求左右滚转各做两次。

五 勾挂十字掌（虚步十字手）

接着，身体微向右旋，左手由后往左，向前上方外旋至胸前；右手微下沉，从左手前臂下面穿出，与左手交叉成十字手，架于胸前上方；同时，左脚内收，脚跟微起，身体重心移于右腿上，形成左虚步，眼视双掌前方（图20）。

图20

上动不停，两手左下右上分开，左手下按于左胯旁，掌心朝下，右手外旋停于右上方，手心斜向上，两臂微屈，眼视前方（图21）。

图21

要点：身体左右旋转时，均以腰椎为轴，眼神随体旋转左顾右盼。头、颈保持中正。两胯撑开，圆裆，保持下盘稳定。抱球时，要坚持沉肩垂肘。

六　搂打腾风1（左搂膝打掌）

右手先外旋，经右向右肩上方划弧，再以手指领动，从右肩前插出，向前方击掌，掌心朝前，手指向上，高与肩平；同时，左手经胸前向左下划弧，停于左胯前，手心朝下，手指向前；同时，左脚向左前方出步，踩实，重心前移成左弓步。眼视右手（图22）。

图22

七　搂打腾风2（右搂膝打掌）

重心后坐，左脚尖微外撇，身微左旋；接着身体重心再移在左腿上，右腿向右前方迈出，先脚跟着地；同时，右手外旋，自前、向左、再往右下方划弧，停于右胯前；左手经左后而上，至左肩上方时，以指领劲，从左肩前打出，向前方推掌，掌心朝前，手指向上，高于肩平；同时，身体重心前移成右弓步。眼视左掌(图23)。

图23

要点：腰要松沉，身宜中正勿偏。向前推掌时，心静用意，先以指领劲前引，当手指接触对方时，即坐腕击掌，再以指送出。眼神随推出之手前视。呼吸深长，气沉丹田。

八　七星势（跟步十字拳）

动作：左脚跟上半步，踩实；右手自右下经中而上，与左手同高时，两手同时内旋向上、经左右而下，再经中而上，变拳交叉于胸前，右拳在外，左拳在里，拳面朝上，拳眼向里；同时，前移，脚跟着地，脚尖上翘；身体重心后坐于左腿上。眼视双拳前方（图24）。

图24

九 樵夫担柴（前后冲拳）

右脚尖外撇，左脚随即微提，身体右转90度，重心坐中，双膝微屈成半歇步。在身体右转的同时，两拳先外旋后里旋收经胸前，向左右两侧击拳（图25）。

图25

十 巧女认针（上步冲拳）

左脚向左方出步，踩实，身体左转90度，重心前移成左弓步；同时，右拳从右经右腰侧，向左前方击出，拳面朝前，拳眼向上；左拳变掌，护于右腕内侧。眼视右拳（图26）。

图 26

十一 推窗望月 （歇步架推掌）

右脚往左前方上步，脚尖外撇落地，形成剪步；身体重心前移，身微右旋；同时，右拳变掌，内旋上架于额前方；左掌内旋向前击掌。眼视左掌（图27）。

图 27

十二 伏虎势（弓步盘肘）

右脚向右后方撤步，身体右后转180度；同时，两掌外旋变掌，经丹田再向左右腰侧分开；左拳经左而上，向前上方内旋掼拳，停于左眼前方，拳眼朝下，拳心向前；右拳经右、往前、向左扣拳，停于右腹前，拳眼朝里，拳心朝下；同时，左脚内扣，身体重心前移成左弓步。眼视前方（图28）。

图28

要点：做左右动作时，两手臂要撑圆，既要有向左右的掼劲，也要有往外的掤劲，顺其转体而完成。两手做弧形运动时，勿太大，太大不仅劲易散，难合击，而且易暴露自己，给对方可乘之机。

十三　白鹅单展翅（虚步亮掌）

上动不停，身体微右旋，右手下沉至胸前外侧，随身体微左旋，向右前上方穿掌，掌心朝前下，手指向前上方，高与眼平；左手向右下划弧，停于左胯外侧前方；同时，身体重心移至右腿，屈膝下蹲；左脚经右脚内侧前移半步，前掌着地，膝微里扣，成左虚步。眼视右掌前方（图29）。

图29

要点：两手距离不要拉得太开，以便蓄劲。太开，则形散，劲易断。穿掌时，注意含胸拔背，气沉丹田。

十四 提膝十字掌（提膝上穿掌、弓步平拳）

提膝穿掌：身微右旋，右手内旋，自前经右而下划弧，经右腰侧向前上方穿掌，手心朝上，掌指向前，高与眉齐；左手自左下，经左而上，向右划弧，在右手前穿掌时，收于右肘下，手心朝下，掌指向右；同时，左脚前迈半步，踩实，身体重心前移，左腿独立；右腿屈膝提至腹前，脚面伸直，脚尖朝下。眼视右掌(图30)。

图30

要点：提气收腹，虚领顶颈，尾闾中正，含胸拔背。

十五　丁盖炮（提膝上钻拳）

1. 弓步击拳

上动不停，右脚经前方落步、踩实；右掌内旋变拳，顺势向前击出，拳心朝下，高与肩平；左手变拳，置于右肘内侧下方，拳心向下；同时，身体重心前移成右弓步。眼视右拳（图31）。

图31

2. 虚步上击拳

重心后坐，身体左旋，带动右拳自前而下，经左胸前，向前内旋击出，拳心朝下，拳面向前，高度达胸；左拳外旋至左腰侧，在右拳回收的同时，向前内旋击出，拳心朝下，拳面向前，高与肩平；右拳随即收至胸前；同时，身微右旋，上左脚落于右脚前，前脚掌着地，形成左虚步。眼先视右拳，后视左拳（图32）。

图 32

3. 右独立上击拳

左拳外旋下沉，经左胸前上冲，拳面朝上，拳心向里，高与眼平；右拳内旋而上，向前绕过左拳上方，收于左肘下，拳眼向上，左腿屈膝上提，脚面伸直，脚尖向下成右独立式。眼视左拳（图33）。

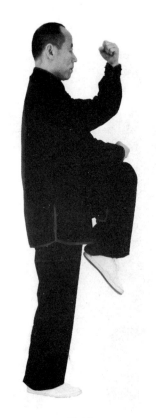

图33

要点：动作2中，旋体、上步、击拳要默契配合，一气呵成，独立之腿要做到直而不僵，膝宜微屈；屈膝上提之腿，要尽量提高，向腹部靠近，争取肘、拳、膝相连。收腹部、收尾间，空腋下，沉肩垂肘，气沉丹田。

十六　猴王坐殿左式 1（马步摇掌）

1. 左倒插步势

左脚在右脚内侧落步，脚尖外摆，踩实，右腿屈膝微蹲，右脚跟提起，两腿微蹲成歇步式；同时，两拳变掌，左掌内旋屈臂向左前推出，掌心朝外；右手下落于腹前，手心朝上，眼视右掌（图34）。

图34

2. 马步架推势

身体向右转约 90 度，左脚踩实，两腿屈蹲成半马步式；同时，右掌随体转，内旋翻掌，掌心朝上，屈臂架于右上方；左手内旋向左侧击掌，掌心朝下，眼视左掌（图35）。

图 35

十七　猴王坐殿2（虚步分掌）

1. 左推掌势

重心微向右移，右手内旋上架于额前，手心朝外；左手向右前方推掌，掌心朝前；眼视左掌（图36）。

图36

2. 右推掌势

步不动,重心略向左移,身体微左旋;同时,右手下沉胸前,向前推出,掌心朝前,掌指向上;左手随势屈臂停于左额上方,眼视右掌(图37)。

图 37

3. 虚步分掌

两手外旋分别在左右分开，由外向里划小圆后，右手往前下插出，手指朝前，手心向上；左手向左上穿出，手指朝后，手心向上，左手稍高于右手。眼视右掌（图38）。

图38

十八　猴王坐殿右势 3（马步摇掌）

1. 左独立势

左腿独立，右脚屈膝提起向左腿后走弧，略停于左膝后；同时，左手自左后经上、向前、内旋划停于胸前，掌心朝下；右手自右前而下、向左划弧，停于胸前，掌心朝上，眼视右手（图 39）。

图 39

2. 马步架推掌

右脚绕左脚内侧，在左脚后落地、踩实；身体向右后转，两腿屈蹲成马步式；同时，右手随体右转内旋后腕经右上，在身体重心后坐形成马步时，向右侧前下击掌，掌心朝前下方，手指向前；左手随即屈肘上架于左上方，手心朝上，眼视右前下方（图40）。

图40

十九　猴王坐殿4（虚步分掌）

1. 右推掌

两脚不动，身微左旋，同时，左手内旋上架于额前；右手经腹前向左前方击掌，掌心朝前；同时，身体重心移到左腿，似左弓步，眼视右掌（图41）。

图41

2. 左推掌

身体重心略向右移,身微右旋;同时,右臂内旋屈肘上架,停于右额上方,左手下落经胸前向右前推击,眼视左手(图42)。

图42

3. 虚步分掌

两手外旋分别在左右分开，由外向里划小圆后，右手往前下插出，手指朝前，手心向上；左手向左上穿出，手指朝后，手心向上，左手稍高于右手。眼视右掌（图43）。

图43

二十　白蛇吐信1（左右仰掌上穿）

1. 弓步十字掌

身体重心全移左腿上，右脚向右前方上半步；前脚掌着地成右虚步；同时，两手向胸前划弧，在胸前交叉成十字手，剑指斜朝上，同时右脚向右前方迈成右弓步，十字手向前推出，高与胸平。眼视前方（图44）。

图44

2. 弓步穿掌

左脚向左前方迈半步、踩实，两手自前、往下、向里外旋翻转至手心朝上时，两手剑指变掌，左掌向左前上方插出，手指朝前上方，右掌向右后插至胯旁；同时，身体重心前移成左弓步，眼视左手（图45）。

图45

二十一　白蛇吐信2（左右剑指下穿）

身体重心坐中，身微右旋；右手以指领劲，自右上、经中而下、划弧至腹前；左手自左后而上、向中划弧，肘微里合，两手变剑指，以剑指领劲，左手在右腹前外旋至手心朝下时，即向左前上方戳出，剑指朝前上，高与眼平；右手经中而下，向右后下方划弧，略停于右胯后侧；同时，身体重心前移成左弓步，眼视左手（图46）。

图46

要点：重心前移成左弓步时，注意送胯，走腰，即右腿蹬直的同时，使右胯前送，催腰左旋，同时，伸臂、沉肘、屈指前戳，一气呵成。做弓步时，要求膝不过脚尖，上身正直，切勿前倾。

这里所说的"剑指"，似剑指而非剑指，和剑术中的剑指不同，剑术中的剑指，是中指、食指并拢伸直，而这里所说的剑指，则是中、食二指伸直时自然分开，似蛇吐信，以抽丝劲向前上方戳出，

意取对方双眼或喉部，或戳击其他穴位，其余三指向掌心自然
弯曲。

二十二　黄蜂出洞（跟步劈掌）

1. 左弓步穿掌

在完成上节弓步戳指之后，左脚向左前方上步，身微右旋；右
手变掌，自前、经右后、向里外旋划大弧，从腰间向前穿出，掌心
朝上，手指向前，略高于胸；左手自左下向前，再向右划弧在右手
穿掌的同时，停于右肘下，掌心朝下；同时，身体重心前移成左弓
步，眼视前方（图47）。

图47

2. 左合步穿掌

右手自前向右划弧至右胸前即内旋，向前方穿出，掌心朝下，手指向前；同时，左手外旋向前划弧，在右手前穿掌时，收回左腰侧，掌心向上；同时，右脚跟上半步，身体重心后坐成左虚步(图48)。

图48

要点：由胸前向前方穿掌时，要含胸拔背，呼吸深长，气贴脊背，劲达手指。身宜正直、勿前俯。

二十三　怀中抱月（右虚步抱掌）

1. 叉步亮掌

身体重心后坐，左脚尖外撇，重心再移至左腿上，右脚向前上步，扣脚尖落地；身体左转 90 度；同时，左手内旋，右手内旋移到左手腕处，两手交叉成十字手向额前上方划弧，成抱球状。身体微起。眼视前方（图 49）。

图 49

2. 抱月势

两手分别经左右而下，向腹前划弧，在腹前成水平抱球状，即内旋下按，手指相对，掌心朝上；同时，身体徐徐下蹲成马步（图50）。

图 50

3. 右虚步合手

左脚尖里扣，身体重心移于左腿上，右脚微收，脚跟着地，身体右转90度；同时，右手向右上划弧，屈肘置于胸前，左手随体右转向右划弧，停于右肘内侧。眼视前方（图51）。

图 51

要点：左右手划弧要匀缓；在腹前抱球和按掌时，两臂撑圆，腋下放空，随身体徐徐下蹲成马步时，气沉丹田，意静神宁。

二十四　玉女穿梭（弓步架推掌）

右脚踩实，身体重心前移在右腿上，左脚向左前方上步踩实；同时，左手沿右手上方穿出，向左前上方划弧，内旋击掌，手指朝上，掌心向左前方，右手随即向左下外旋划弧停于左腹前，掌心朝外；同时，身体重心前移成左弓步，眼视右手（图52）。

图 52

二十五 魁星戏斗 1（摆步右捋手）

1. 摆步按掌

身体重心移至左腿上，右脚经左脚内侧向右出步，脚尖外撇落地，左脚随之内扣，身体右转；同时，左手下沉，右手沿左前臂上方穿出，随体右转向右前上方划弧，内旋击掌，左手向左腹前外旋划弧。眼视右手前方（图53）。

图 53

二十六　魁星戏斗2（合步托掌）

左脚绕右脚跟后，在右脚内侧扣脚尖落地，身体继续右转；同时,右手向下，与左手指相对 15 厘米左右，两手心均朝下(图54)。

图54

　　同时在腹前外旋翻掌，使两手心向上，两手平行。暂置于丹田前方；身体重心左移，眼视两掌前方（图55）。

图55

二十七　魁星戏斗3（转身歇步亮掌）

右脚经左脚后方在左脚外侧落下，脚尖着地；同时，右手从右而上，经中而下，变勾手划弧至右胯后；左手经左而上，在左胸前内旋划弧后，屈臂架于左肩前上方，身体重心居中，两腿微蹲如歇步，眼视前方（图56）。

图56

二十八 怀中抱月（左虚步抱掌）

身体先以左脚跟为轴心，后以右脚前掌为轴心，向右后旋转180度，右脚踩实，屈膝下蹲；左脚向前半步，脚跟着地；同时两手随体右转，分别经右腰侧外旋划弧后，在左脚上半步的同时经中而上、左手屈肘停于正前方，手指朝上、手心向右、高与肩平；右手随之屈肘置于左肘内侧，眼视左手前方（图57）。

图57

二十九　狮子抖毛（马步摇臂）

两手自额前上方向左右拉开，下沉至左右胸侧时，即外旋划小圆，然后两掌同时向左右伸展，手心朝上，两肘微垂，两掌高与肩平；同时，身体徐徐下蹲成马步，眼视前方（图58）。

图58

上身以腰椎为轴转动，带动两手向左右后方抖动三次，随即内旋，使其手心朝下，再以爆发劲外旋，向左右方甩出，手心仍向上，眼视前上方（图59）。

图59

三十　金龙合口（马步抱掌）

1. 马步托掌

两掌自胸前内旋外翻上托，至额前上方，手心朝斜上，大拇指一侧朝斜下，手指斜相对；同时身体徐徐领起，眼视两掌(图60)。

图60

2. 马步抱掌

接上动，两手向外画弧经左右两侧向下划弧，似抱球于胸前，手指相对，手心朝里；同时身体慢慢下蹲成马步，眼视前方(图61)。

图61

三十一　道人行礼（并步立掌）

1. 并步合掌

两手下落至胸前，左手外旋手心向上，屈肘停于胸前，右手下落于胸前，屈肘立掌停于左手掌上，掌心朝左，掌指向上，高于口前，眼视前方（图62）。

图 62

2. 并步按掌

两膝微屈，左脚先往后退步，右腿随后向左脚并拢，身体徐徐直立，两眼平视正前方；同时，两手经中向下至丹田前，即向左右分开，先外旋后内旋，分别在左右腰侧前划弧，然后经身前轻轻按至两胯下方，手指朝前，掌心向下。眼视前方（图63）。

图 63

三十二 （立正收式）

两脚不动，两手自然下垂于大腿两侧，同起式（图64）。

图64

要点：收势动作，宜缓而匀，两手划弧要圆而舒展，全身放松，意静神舒，呼吸深长、自然。随两手轻轻下按，气归丹田。

（演示者：傅山武学研究会秘书长徐兴民）

参考文献

1. 郝树候：《傅山传》，山西教育出版社 1985 年版。

2. 魏宗禹：《傅山学论》，山西人民出版社 2012 年版。

3. 朱清华：《非物质文化遗产视野下对传统武术传承的思考》，《体育研究与教育》2011 年第 5 期。

4. 朱清华：《再论中国武术形成的社会文化动因》，《成都体育学院学报》2013 年第 7 期。

5. 朱清华：《非物质文化视野下传统文化的开发与利用——以傅山园为例》，《体育研究与教育》2014 年第 5 期。

6. 朱清华：《非物质文化视角下的武术健身操》，《中华武术研究》2014 年第 4 期。

7. 赵宝琴、李月琴：《傅山纪念馆概况》，《文物世界》2007 年第 6 期。

8. 赵国柱、郑安洁：《纪念傅山诞辰四百周年新闻文论书画集》，山西春秋电子音像出版社 2008 年版。

9. 樊政文：《遗民傅山的书法艺术探析》，《文化传播与教育》2016 年第 5 期。

10. 陈振濂：《追求拙丑的傅山》，《太原日报》2007 年 8 月 3 日第 12 版。

11. 郑学诗：《傅山的审美观》，《太原日报》2007 年 8 月 9 日第

12 版。

12. 李芳芳：《关于傅山的书法艺术解析》，《淄博师专学报》2016 年第 2 期。

13. 范洁：《傅山"四宁四毋"的审美思想》，《山西经济管理干部学院学报》2004 年第 4 期。

14. 黎传绪：《论傅山书法风格形成的根本原因》，《晋中学院学报》2007 年第 4 期。